上海市教育委员会、上海市民办教育发展基金会"民智计划"资助

民办中小学教师专业素养的内涵与发展路径

来自上海的实践经验

黄友初 ———— 著

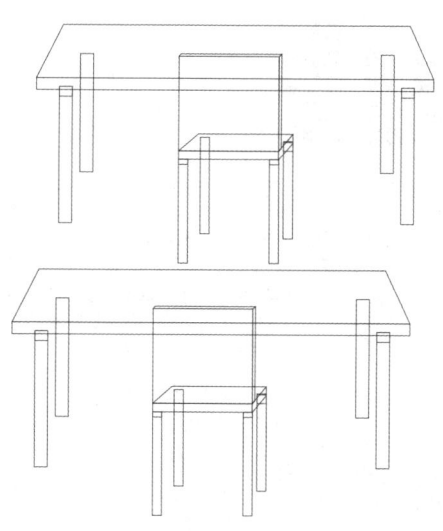

华东师范大学出版社
·上海·

图书在版编目(CIP)数据

民办中小学教师专业素养的内涵与发展路径:来自上海的实践经验/黄友初著. —上海:华东师范大学出版社,2021
ISBN 978-7-5760-2222-3

Ⅰ.①民… Ⅱ.①黄… Ⅲ.①民办学校-中小学-师资培养-研究-上海 Ⅳ.①G635.12

中国版本图书馆 CIP 数据核字(2021)第 220013 号

民办中小学教师专业素养的内涵与发展路径
——来自上海的实践经验

著　　者　黄友初
策划编辑　刘祖希
特约审读　陈雅慧
责任校对　王丽平
装帧设计　卢晓红

出版发行　华东师范大学出版社
社　　址　上海市中山北路 3663 号　邮编 200062
网　　址　www.ecnupress.com.cn
电　　话　021-60821666　行政传真 021-62572105
客服电话　021-62865537　门市(邮购)电话 021-62869887
地　　址　上海市中山北路 3663 号华东师范大学校内先锋路口
网　　店　http://hdsdcbs.tmall.com

印 刷 者　常熟市文化印刷有限公司
开　　本　787×1092　16 开
印　　张　12
字　　数　198 千字
版　　次　2021 年 11 月第 1 版
印　　次　2021 年 11 月第 1 次
书　　号　ISBN 978-7-5760-2222-3
定　　价　58.00 元

出 版 人　王　焰

(如发现本版图书有印订质量问题,请寄回本社客服中心调换或电话 021-62865537 联系)

前　言

　　教师的专业水平对教育质量有着重要的影响,随着社会的发展,教师专业的内涵也应该不断更新。在素养教育背景下,教师的教学理念、知识结构、教学方式和专业发展意识等心理品质都将发生变化,只有超越知识和能力的素养才能更好地诠释教师专业的本质内涵。要发展学生的核心素养,教师首先要具备相应的专业素养,因此,教师专业素养也是当前教师专业的具体要求,它是教师素质和教养的融合,是教师天性和习性的结合,也是教师内在秉性和外在行为的综合。虽然教师专业对教育具有十分重要的作用,民办教育也已成了我国教育的重要组成部分(截至2019年底,全国各级各类民办学校,占全国比重36.13%;民办小学(不含特教类)专任教师数为1 017 376人,占全国比重16.23%;民办中学(不含职业技术类、特教类)专任教师数1 308 711人,占全国比重23.34%),但是,对民办中小学教师专业发展的研究还有待加强。为此,有必要对民办中小学教师专业素养的内涵、特征和发展路径进行分析。

　　本研究首先对民办中小学教师专业素养的内涵进行了探讨,通过文献分析、专家访谈和对民办中小学教师的问卷调查,认为民办中小学教师专业素养是教师在先天条件基础上,经历养育、教育和实践等各种后天途径逐步养成的,是对教师的教育教学活动有着显著影响的素质和修养,是教师从事符合时代发展职业活动所需要的各种心理品质的总和。教师专业素养的内涵在纵向上与教师的专业化发展一脉相承,在横向上与素养背景下的教师专业诉求相契合,是教师专业发展的时代产物。其构成可归纳为教师专业知识、教师专业能力和教师专业情意等三个一级维度。其中,教师专业知识可分为基础性学科知识、关联性学科知识和学科教育知识等三个二级维度;教师专业能力可分为设计教学能力、实施教学能力、发展教学能力等三个二级维度;教师专业情意可分为职业认识、职业情怀和职业品格等三个二级维度。

　　然后,从教师专业知识、专业能力和专业情意三个一级维度中选取部分素养进行分析,以揭示其基本特征。在教师专业知识方面,以小学数学教师为例,发现民办小学数学教师的基础性数学知识掌握得较好,但是关联性数学知识相对薄弱,还未能有效形成网状知识体系,这将会影响知识点相对综合内容的教学。在教师专业能力方面,以中小学教师的教学反思能力为例,发现民办中小学教师的教学内部反思能力和教学外部反思能力基本相当,民办中小学教师更注重对课堂教学的反思,工作强度会较大程度影响民办中小学教师的教学反思能力,尤其是教学外部反思能力。小学教师对课堂教学的反思相较于中学教师频繁,而中学教师更多反思课堂教学的有效性,更关注教师的专业知识。在教师专业情意方面,以个案研究为例,发现民办中小学教师对职业的认识还不够全面,具有较强的功利性。他们对民办学校的发展前景比较看好,对教师职业也有较强的认同感,但是对民办学校教师职业和所在民办学校教师的认同程度,与所在民办学校的社会声誉有较大联系,也与工作强度、工作压力和报酬有关。民办中小学教师的职业品格普遍较好,绝大多数的教师都很注重自己的言行举止,职业发展目标较为实际。

从自我学习与反思、集体学习与反思、教学实践与反思,并从自发性、常规性、临时性、校内和校外等几个方面对民办中小学教师专业发展路径进行分析。通过对四个不同群体民办中小学教师进行调查与分析,发现自主反思是民办中小学专业发展的最重要路径,教师通过自我学习、观摩、实践后反思、交流后反思等方式可以较好地促进自身专业素养的发展。而且教师对民办中小学教师职业的认同情况、教师的专业发展意识等都会影响教师这种自主反思的频率与有效性。民办中小学教师专业发展成效与专业发展频率正相关,校内和校外的常规性活动对民办中小学教师专业素养的发展有较好促进作用,而各种临时性活动的专业发展成效要略差。民办中小学教师在专业发展路径方面的成效不存在内部显著性差异,但存在外部显著性差异。上海民办中小学教师在各路径专业的效果都显著好于非上海地区民办中小学教师,但是低于上海公办中小学教师。这与是否有较为丰富的优质专业活动资源、是否有较为浓厚的专业发展氛围,以及是否有较为权威的竞技性和展示性活动平台都有关。教师在专业发展活动中的深度参与和优秀教师的引领和指导等因素都可有效促进民办中小学教师专业素养的提升。

最后,从提升民办中小学教师的专业价值、尊重民办中小学教师的专业自主和提高民办中小学教师的专业反思能力等三个方面就如何更好提升民办中小学教师专业素养进行分析。认为民办中小学要在制度建设和文化建设中,体现民办中小学教师的生命存在价值,让他们的专业实践价值得到彰显,以更好地提升教师发展专业的内驱力。同时,要给予教师专业充分的尊重,给教师的专业发展足够的自觉和自主,扩大教师在民办学校办学过程中的话语权,有效激发教师积极地追求自我价值。民办中小学应该有一定的办学自信,尊重教师的专业自主,这不仅有利于教师的成长,也有利于学校的发展。最后,要提升民办中小学教师的反思能力,通过丰富优质教学资源库的建设,弥补优质教研素材的不足,提高教师反思的有效性。

应该看到民办中小教师专业发展的研究还有待深化,虽然囿于教师专业的内蕴性和复杂性,研究具有较高难度,但是教育研究就是一个持续探索的过程。限于笔者的能力和精力,本书还存在诸多不足,希望能为后续研究投石问路,提供借鉴。本书引用了很多学者的观点,在此表示感谢。本书在写作过程中得到了上海市教委民办教育管理处、上海市民办教育发展基金会和上海师范大学教育学院教师发展中心相关领导和专家的支持与帮助,在此表示感谢。笔者的博士生和硕士生马陆一首、尚宇飞、严知憎、罗碧烜、车轩、杨旭雯、柴亦扉、陆佳丽、李晓悦、张悦、白雅琪、蒋佳琦、张玄、陆秀梅等在写作过程中给予了很多帮助,在此表示感谢。

黄友初
2021 年于上海师范大学

目 录

第1章 引言 / 1

　1.1 研究背景 / 1

　　1.1.1 教师专业发展的必要性和持续性 / 1

　　1.1.2 民办中小学教师专业发展的独特性和紧迫性 / 9

　1.2 研究问题和意义 / 17

　　1.2.1 研究问题 / 17

　　1.2.2 研究意义 / 17

　1.3 研究路径与框架结构 / 20

　　1.3.1 研究路径 / 20

　　1.3.2 框架结构 / 21

第2章 民办中小学教师专业素养的内涵 / 22

　2.1 教师专业素养的内涵与构成 / 22

　　2.1.1 教师专业的内涵与特征 / 22

　　2.1.2 教师专业素养的主要构成 / 27

　2.2 民办中小学教师专业素养内涵与构成的调查 / 32

　　2.2.1 民办中小学教师专业素养问卷调查工具 / 32

　　2.2.2 民办中小学教师专业素养问卷调查结果分析 / 34

　　2.2.3 民办中小学教师专业素养访谈调查工具与结果分析 / 41

　2.3 民办中小学教师专业素养的主要构成 / 47

　　2.3.1 民办中小学教师专业的知识维度 / 49

　　2.3.2 民办中小学教师专业的能力维度 / 52

　　2.3.3 民办中小学教师专业的情意维度 / 55

2.4　本章小结 / 59

第3章　民办中小学教师专业素养的基本特征 / 63

3.1　民办小学数学教师专业知识的基本特征 / 63
3.1.1　小学数学教师专业知识的基本结构 / 64
3.1.2　调查工具与对象 / 66
3.1.3　调查结果与分析 / 67
3.1.4　研究结论与建议 / 71

3.2　民办中小学教师教学反思能力的基本特征 / 72
3.2.1　理论基础 / 72
3.2.2　调查工具与对象 / 76
3.2.3　调查结果与分析 / 78
3.2.4　研究结论与建议 / 88

3.3　民办中小学教师专业情意特征个案研究 / 90
3.3.1　研究背景 / 90
3.3.2　研究设计 / 91
3.3.3　研究结论与建议 / 92

3.4　本章小结 / 102

第4章　民办中小学教师专业素养发展的主要路径 / 103

4.1　民办小学教师专业发展路径调查研究 / 103
4.1.1　调查背景与理论基础 / 104
4.1.2　调查的设计与工具 / 107
4.1.3　调查结果与分析 / 111
4.1.4　调查结论与建议 / 121

4.2　民办中小学数学教师专业发展路径调查研究 / 122
4.2.1　调查背景与理论基础 / 122
4.2.2　调查的设计与工具 / 123

　　　　4.2.3　调查结果与分析 / 125
　　　　4.2.4　调查结论与建议 / 132
　　4.3　民办小学教师专业知识发展路径调查研究 / 134
　　　　4.3.1　调查背景与理论基础 / 134
　　　　4.3.2　调查的设计与工具 / 135
　　　　4.3.3　调查结果与分析 / 138
　　　　4.3.4　调查结论与建议 / 146
　　4.4　民办中小学数学教师专业知识发展路径调查研究 / 148
　　　　4.4.1　调查背景与理论基础 / 148
　　　　4.4.2　调查的设计与工具 / 151
　　　　4.4.3　调查结果与分析 / 153
　　　　4.4.4　调查结论与建议 / 161
　　4.5　本章小结 / 162

第5章　研究的结论与发展建议 / 165
　　5.1　研究结论 / 166
　　5.2　发展建议 / 169

参考文献 / 173

第1章 引言

教师是教学活动的组织者,在教育教学中起着主导作用,也是教学目标的直接实践者。教师的职业特征决定了他们的专业水平会在很大程度上影响教育的质量,会对学生的发展产生重要影响,这使得教师专业发展成了教育研究的热点之一。但是,在以往的教师专业发展研究中,对于民办中小学教师专业水平和发展的关注较少。现如今,民办中小学已成了我国基础教育的重要组成部分,在缓解适龄儿童上学压力,充分发挥儿童的特长方面发挥着重要作用,有必要对其教师的专业发展进行深入探讨。因此,本研究将以上海的民办中小学为主要研究对象,对民办中小学教师的专业素养内涵和结构,以及专业素养发展的主要路径和影响因素进行探索。本章就研究背景、研究问题和研究意义、本书的框架结构进行论述。如无特殊指明,本研究中的教师特指中小学教师。

1.1 研究背景

1.1.1 教师专业发展的必要性和持续性

在教育教学中,专业水平较高的教师往往会采取更为合理的措施,最大限度地促进学生智力和心理的健康发展,反之,专业水平较低的教师,往往难以挖掘学生的潜力,甚至还可能压制学生的学习热情。因此,教师的专业水平决定了学生能在多大程度上获得有效的知识经验,教师的专业发展也是教育发展的基础。但是,教师专业的内涵并非一成不变,而是一个持续不断的发展过程。在不同的历史阶段,根据社会对人才的不同需求和教育环境的变化,教师专业的内涵需要做出相应的调整。现如今,社会已步入信息化时代,知识更新加快,科学技术对社会生活和教育环境都产生了重要影响,这些都对教师的专业提出了新的要求。

1. 教师专业发展的必要性

自从教师成为一项职业以来,教师的专业水平与发展就受到了社会的广泛关注,这种关注度与社会对人才的需求度密切相关。社会的发展对人才的数量和质量都有更高的要求,这些都对学校的教育教学质量提出了挑战,而作为对教育教学质量有着关键性影响的教师,其专业化水平更是成了教育发展的根本性前提。现如今,各国的教育发展水平已在很大程度上决定了各国经济和社会的发展速度,这些都凸显了教师专业发展的必要性。

教师的教育工作受社会的委托,代表了社会的利益和价值观念。社会对受教育者的要求,对人才的需求,主要是通过教师来实现的(邹群和王琦,2006)。而且,教师是教学的主导,对学生的思想品德、知识技能、政治方向等方面的形成和发展起着导向作用,是影响学生身心发展最为关键的因素之一。他们也是教育改革的推动者,由于长期处在教学一线,对教育问题的感知最为直接,也积累了丰富的实践经验,在教学中具有不可忽视的话语权,是真正意义上的教育者,也是推动教育改革的重要力量。教师职业的这些特性,凸显了教师专业的重要性和价值性,使其成为了社会和教育所关注的焦点之一。但是,教师专业的发展经历了一个较为漫长的发展过程,这与教育在社会中扮演的角色的重要性逐步加重有关,也与教育内部教师的专业发展所需要的理论基础和制度保障逐步完善有关。

在制度化的教育形成以前,社会对教师的要求很低,没有统一的标准,认为只要掌握文字或简单技能就可以,更没有对教师进行培养的机构和完善的制度。在早期的欧洲教育中,退伍军人、家庭主妇甚至有一点文字知识的社会闲杂人员都可以充当教师(滕大春,2001)。随着教育规模的扩大,教师专业水平的重要性逐步提升,但是选拔标准总体上还比较低,主要关注教师的学科知识、行为举止和宗教信仰。后来虽然陆续开办了一些教师培训学校,但是培训时间较短,更多的是注重知识和技能的传授。而且,过于"技术化"和"程序化"的教学,不仅容易让教师产生职业倦怠,难以有效吸引学生学习,也导致了教师思想的钝化,抑制了教师的创新意识。因此,总体上这个时期教师的专业水平还较低,尤其是对"如何教"的探讨不多,学生在学习中更多注重的是自己的感悟和自学,严重限制了教育质量的提高。

随着经济的发展,学校越来越普及,教育在社会发展中的重要性日益增强,很多学者对教育问题进行了研究,认为教师是制约教育发展的因素之一,不仅"量"方面要增长,"质"的方面更需要提高。为此,学者们对如何促进教师的发展进行了探索,并涌现出了一系列教师教育的研究成果,这些理论为教师专业化发展提供了坚实的理论基础。尤其是在1632年夸美纽斯(Comenius)的《大教学论》问世后,学者们对教师的课堂教学和教师应具备的专业等进行了较为深入的探讨,也提出了各种模式和理论。在教育理论方面,裴斯泰洛齐(Pestalozzi)和赫尔巴特(Herbart)倡导教育心理学化运动,主张按照心理规律进行教育;第斯多惠(Diesterweg)系统论述了教学的基本原理;乌申斯基(Ushinsky)提出要关注人的心理规律,强调提高教学的科学性;斯宾塞(Spencer)创立了实科课程。在教学方式上,斯金纳(Skinner)提出了程序教学;布鲁纳(Brunner)提出了结构主义教学;布卢姆(Bloom)提出了掌握学习;罗杰斯(Rogers)提出了非指导性教学;皮亚杰(Piaget)提出了建构主义教学;赞可夫(Zankov)提出了发展性教学;巴班斯基(Babansky)提出了最优化教学;阿莫纳什维利(Amonashrili)提出了合作教育学;瓦根舍因(Wagenschein)提出了范例教学。这些都极大地丰富了教育教学的理论。值得一提的是20世纪80年代,在美国教育心理学家舒尔曼(Shulman)提出教学内容知识(Pedagogical Content Knowledge,PCK)的概念之后,教师的知识、行为和信念成为教育研究的热点。这些教育研究成果无论是在教师教育,还是在教师的自我学习中,都有着较强的指导意义,为教师专业发展打下了良好的理论基础。

在社会外部需求和教育内部理论构建两个方面的推动下,教师专业化发展的条件逐步成熟。1955年召开的世界教师专业组织会议率先研讨了教师专业问题,推动了教师专业组织的形成和发展。1966年,国际劳工组织和联合国教科文组织提出的《关于教师地位的建议》中,首次以官方文件形式对教师专业化做出明确的说明,认为教师工作应该被视为专门职业,这种职业是一种要求教员具备经过严格而持续不断的研究才能获得并维持的专业知识及专业技能的公共业务。此后,教师专业化的呼声越来越高,各国也将提高教师的专业水平作为教育改革的重要内容。1971年,日本中央教育审议会所通过的《关于今后学校教育的综合扩充与调整的基本措施》中指出,教师职业需要极高的专门性,应确认和加强教师的专业化。1986年,美国卡内基教育与经济论坛"教育作为一个专门职业"工作组(The Task Force on Teaching as a Profession)发表了《国家为培养21世纪的教师做准备》(*A Nation Prepared*:*Teachers for the 21st Century*),霍姆斯小组(Holmes Group)发表了《明天的教师》(*Tomorrow's Teachers*),这两份报告都强调要确立教师的专业性,并将其作为教育改革和教师职业发展的目标。卡内基金组织的"美国教师专业标准委员会"还专门编制《教师专业标准大纲》,明确界定了教师职业的专业化标准。20世纪90年代后,霍姆斯小组相继发表了《明日之学校》(*Tomorrow's School*)和《明日之教育学院》(*Tomorrow's School of Education*)等一系列报告,引起了学校和教育行政机构的极大关注(教育部师范教育司,2003)。这个时期的报告等文件的内容主要体现在两个方面:一是主张教师应该专业化,并制订了相关的专业化标准;二是主张推进教师教育制度建设,在教师教育中提高教师的专业化程度。这些主张在很大程度上影响了各国的教育改革和教师教育建设,教师的专业化程度也逐步提高。

由此可看出,从无到有,从业余到专业,教师在教育发展和社会发展中发挥着越来越关键的作用。教师的职业特征和在教育中所扮演的角色,都充分表明了教师专业发展的必要性和价值性。

2. 教师专业发展的持续性

随着社会的发展,会不断产生新的知识和技术,学习方式也将会产生较大变化,这些都意味着教师的知识储备在日新月异的时代是无法实现一劳永逸的。而且,在不同社会背景下,对人才的需求也是不同的,在工业时代需要较多能制造和操作机器的技术人员、工人,而在信息化时代,更需要的是能熟练使用电脑和高精尖设备的员工。这些都意味着教育的目标是变化的,教育的环境是变化的,教育的对象也是不断变化的。因此,教师的专业内涵也将会有所区别,教师的专业发展是一个持续不断的过程。知识更迭和文化革新都迫切要求教师进行专业重构,教师需要根据时代发展的现实需求,对自己的专业理念、专业知识和专业能力进行评价、批判和选择,抛弃过时的、陈旧的专业理念和价值取向,构建合时的、崭新的专业发展方式,这一切都取决于教师内在的价值自觉。教师要实现持续的专业发展,就要主动捕捉时代变革对教育者发展带来的影响,并在思想观念上,能摒弃传统固有的教育价值观念,对多元价值进行批判和选择;在课程内容上,能超越以知识形态为主的课程设置,注重培养未来社会所需的能力;在教学方法上,能突破枯燥单一的传递式教学,采用多种形式引导有价值的知识和技能(曾文茜和罗生全,2017)。以终身学习的意识推动专业水平不断提升,是教师实现价值升华的必由之路,这不仅仅是时代的要求,更是教师为实现专业持续发展的内在诉求。

自改革开放以来,我国对教师专业的诉求也在不断变化,对专业的认定逐步规范,专业培养逐步多元。改革开放伊始,百废待兴,教师急缺,需要大量"又红又专"的教师。这种"专"更多地体现在学科知识方面,认为只要掌握了学科知识,就能够教学该学科。由于在此后的十多年,教师短缺一直是制约我国教育发展的一个重要因素,因此培养具有丰富学科知识的教师是这个阶段社会的主要诉求。从1980年到1999年,我国的高等、中等师范学校共培养了740万毕业生,教师进修学校培训了近600万名中小学教师,有效缓解了教师短缺的状况(张斌贤和李子江,2008)。20世纪90年代中后期,随着教师供需矛盾一定程度上的缓解和教育改革的深入,教师该如何才能有效教学,逐渐成了教育关注的焦点。社会对教师的诉求从"能教"逐步转向"会教",关注的焦点从教师的专业知识逐步转变为专业能力,尤其是教学技能。这从1994年后我国有关教师能力的研究文献明显增多,也可得到印证(王丽珍等,2012)。这表明,社会对教师的认识从"工匠化"逐步转变为"技术化"。

进入2000年后,教师专业化已成为教育研究的热点,相关政策也逐步出台,有效地推进了教师的专业发展。尽管在发展过程中存在着工程化、消闲化、行政化和技术化等不足(钟启泉,2003),但这些都属正常现象,对发展中问题的有效解决,也是教师专业发展过程的重要组成部分。随着教师专业化的推进,不仅教师履行教学功能的知识、能力和品性等专业发展的结果受到关注,教师专业发展的过程(例如终身学习)、自主意识和各种内蕴性品质,也逐渐得到重视(朱旭东和周钧,2007)。近年来,随着国际化和信息化的发展,学生的核心素养成为社会关注的焦点,社会对教师专业的诉求,也从知识本位、能力本位,转变为素养本位。这要求教师在新的社会背景下,能构建合时的、崭新的专业理念,重构合乎时代发展的专业内涵。这些都表明,教师专业诉求的转变,既是社会发展的必然趋势,也是教师专业自身发展的时代呼唤。

专业标准是专业化的重要标志和职业成熟的体现,教师专业标准的完善过程,也是教师从"普通人"转变为"教育者"的专业发展过程(教育部师范教育司,2003)。为确保教师的质量,在改革开放伊始,有关部门就要求对教师的工作能力进行考核。1978年教育部印发的《关于加强和发展师范教育的意见》中指出,"必须对现有的教师进行认真的培训和考核"。此后,在强化教师考核的同时,实施了合格证书制度。1986年由第六届全国人民代表大会第四次会议通过的《中华人民共和国义务教育法》(简称《义务教育法》)中指出,"要建立教师考核制度……考核合格者,发给证书。……具备合格学历证书和专业合格证书的,才能担任教师"。此后,随着教师专业标准的明确化,我国也逐步从教师合格证书阶段过渡到教师资格证书阶段。1993年由第八届全国人民代表大会常务委员会第四次会议通过的《中华人民共和国教师法》第一次以国家法律形式确立了教师资格的国家标准,这也标志着教师资格制度开始迈入法制规范阶段。1995年,我国相继发布了《中华人民共和国教育法》《教师资格条例》和《教师资格认定的过渡办法》,这些法律和法规不仅在法制上规定了教师必须持证上岗,而且对教师资格证的申请条件、标准要求、考核形式和认定程序都做了明确的说明。在对部分省市试点后,2000年9月教育部颁布了《〈教师资格条例〉实施办法》,教师资格认定工作全面铺开。至2004年底,全国完成了首轮教师资格认定工作(陈尚琼等,2015);2009年底,全国累计已有2 192.11万人取得了教师资格(梁杰,2011)。2009年3月,教育部下发了《教育部关于进一步做好中小学教师补充工作的通知》,拉开了实施全国统一教师资格考试的序幕。2011年10月,教育部公布《考试标准(试行)》以及笔试部分和面试部分的《考试大纲(试行)》,率先在湖北和浙江实施教师资格统一考试试点,此后试点省份拓展到15个。如今除了少数地区,我国已全面实施了中小学教师资格考试制度。在实施考核标准的同时,为规范教师教育的课程和教学,2011年10月教育部发布了《教师教育课程标准(试行)》。这是我国教育史上第一部关于教师教育课程的国家标准,体现了国家对教师教育课程的基本要求,也是制订教师教育课程方案、编写教材、建设课程资源以及开展教学和评估活动的依据。这些标准和制度,不仅促进了教师来源多元化、教师培养规范化,也为建立中国特色的教师教育体系提供了制度保障,使得我国教师的专业发展逐步走上科学化、法制化和规范化的轨道。

为促进教师的专业发展,在教师专业标准化构建的同时,我国还规范了职称晋升制度,有效激发教师专业发展的内在动力。职称等级是教师专业水平的重要体现,一直受到广大教师的重视。自改革开放以来,我国就重视教师职称制度建设,希望以职称提高为依托,调动教师的工作积极性,促进教师的专业发展。1978年3月,国务院批转教育部《关于高等学校恢复和提升职务问题的请示报告》中指出,在高等学校中逐步恢复教授、副教授、讲师、助教职称评审制度。1978年,教育部和国家计划委员会联合颁发了《关于评选特级教师的暂行规定》后,各地普遍开展了评选中小学特级教师的工作,正式建立了特级教师制度(王芳等,2008)。1986年,国家教育委员会印发、中央职称改革工作领导小组转发《中小学教师职务试行条例》,标志着中小学教师职称制度的正式确立(李廷洲等,2017)。2015年8月,人力资源和社会保障部(简称人社部)、教育部联合印发《关于深化中小学教师职称制度改革的指导意见》(人社部发〔2015〕79号)后,在各省市陆续实施了中小学教师正高级教师职称评审制度。职称评审标准对教师的学历、业绩和专业能力都做了明确的规定,使得教师的专业发展更规范、合理。

  在教师专业的发展方式方面,我国在改革开放后,于1980年6月的第一次全国师范教育工作会议上,确立了中师、高师院校专科和本科的三级教师教育体制,其中高等师范本科主要培养高中教师,专科主要培养初中教师,中师培养小学及幼儿园师资。该体制为我国培养了大批合格的教师,为改善我国师资的短缺状况做出了重大的贡献(金长泽,1994)。除了职前教师教育的完善,改革开放40年来,我国也十分重视在职教师的继续教育。2000年后,随着教师缺口和学历问题在一定程度上得到缓解,我国的教师教育逐渐从满足数量转变为注重质量,教师教育更加深入和多元。首先,职前教师教育层次逐步提高,从中师、专科和本科的"旧三级"向专科、本科和研究生的"新三级"转变,进而走向本科、硕士和博士的教师教育模式。随着教育发展的推进,从20世纪90年代开始,很多师范院校进行了升格和转型。从1999年到2014年我国高师本科院校由87所增加到113所,开展教育硕士培养的院校由29所增加到139所,师范专科学校由140所减少到60所,而中等师范学校由815所急剧减少为125所(管培俊,2012;高文财,2016;中国教育年鉴编辑部,2016)。如今,教育硕士和教育博士的招生规模逐步扩大,本科、硕士和博士的新三级教师教育培养模式逐渐形成。其次,教师教育体系趋向开放,综合性院校逐渐参与教师的培养。2001年国务院发布的《国务院关于基础教育改革与发展的决定》,不仅首次提出了"教师教育",还鼓励综合性大学和其他非师范类高等学校,举办教育院系或开设获得教师资格所需的课程。2018年中共中央、国务院印发的《中共中央、国务院关于全面深化新时代教师队伍建设改革的意见》中,再次提出要支持高水平综合大学开展教师教育,推动一批有基础的高水平综合大学成立教师教育学院,设立师范专业,积极参与基础教育、职业教育教师培养培训工作。截至2014年,已有57所综合性大学、152所地方综合性学院和34所独立学院参与教师教育;非师范院校培养的本、专科师范生约占全国师范生总数的47.1%(中国教育年鉴编辑部,2016)。由此可见,综合性大学已成为我国教师教育的重要阵地。再次,在职教师教育从学历教育逐步转变为终身教育,并注重对欠发达地区教师的继续教育。1996年,第五次全国师范教育工作会议提出,"九五"期间师资培训工作要在完成部分教师学历补偿教育任务的同时,及时转向面向全体教师的继续教育。1999年9月,教育部发布了《中小学教师继续教育规定》,对继续教育的类型、教育教学机构与形式、教学时间、条件保障、行政管理以及奖惩措施等做了具体规定。这标志着在职教师教育进入了全新阶段,体现了教师教育的终身性和教师专业发展的阶段性。为促进中西部教师专业更好地发展,教育部从2003年启动"全国教师教育网络联盟计划",借助互联网平台开展远程教师教育,有效解决了偏远地区教师专业发展的瓶颈问题。更值得一提的是,从2010年开始我国实施了"中小学教师国家级培训计划",简称"国培计划"。截至2016年11月30日,中央财政累计投入"国培计划"资金达到107亿元,累计培训中小学教师1006万人,其中农村教师占比95.2%。这些举措对促进在职教师的专业发展起到了重要作用。

  社会的发展,对教师的专业不断提出新的要求,这就必然导致原有的教师教育课程会出现理念僵化陈旧、内容狭窄刻板和结构比例失调等不足,也会导致课程知识被局限在传统知识体系内,知识更新速度较慢,难以吸引学生,也很难顺应时代发展的潮流(靳玉乐和廖婧茜,2016)。为此,随着改革开放的深入,国际交流逐渐增多,信息来源日益多元和便捷,我国的教师教育也越来越多地吸收了国际元素。例如,我国的《教师教育课程标准(试行)》在编制过程中,就借鉴了欧美各国和我国香港、台湾地区的教师教育课程标准、课程理念和课程实践。课程标准中的模块式课程、理论与实践交叉互动的课程结构、以学习者为中心的多样化教学方式、重视学习的过程评价和结果评价等特征,都体现了国际教师教育的特点与趋势(教育部教师工作司,2013)。

由此可看出,在全球化、信息化与知识社会的背景下,各国综合国力的竞争变得越来越激烈,已经从过去表层的生产力水平竞争,转化为深层次的以人才为中心的竞争。在这种国际格局下,各国发展的关键在于科技,而根本因素在于人才(林崇德,2016)。可以说以经济发展为核心,致力于公民素养的提升,已逐渐成为世界各国发展的共同主题,这种新型人才观,离不开一支较高专业化水平的教师队伍。从教师专业的整体发展来看,教师的专业发展就是一个长期的、永无止境的过程,因为教育教学的问题是无止境的,不同的学生个体需要不同的方式来培养。尤其是在如今的信息化时代,知识更新的周期短,周围环境变化快,教育理论也层出不穷,更需要教师投入精力提高自身的专业化水平。这对教师提出了新的要求,需要教师转变观念,提高自身的专业水平。这不仅是社会发展的需要、教育发展的需要,也是教师专业发展的需要。

1.1.2 民办中小学教师专业发展的独特性和紧迫性

民办学校和公办学校在办学主体和办学经费方面存在较大差异,民办学校的办学主体一般是国家机构以外的社会组织或者个人,办学经费主要依靠非国家财政性经费。这些差异也导致了民办中小学对教师专业的诉求,以及教师专业的发展机制有其自身的独特性。囿于教师专业的总体发展趋势,以及民办学校价值性和教师专业发展体系完备性的影响,民办中小学教师的专业发展也有着较强的紧迫性。

1. 民办中小学教师专业发展的独特性

1993年2月,中共中央、国务院颁布的《中国教育改革和发展纲要》中提出了国家对民办教育采取"积极鼓励、大力支持、正确引导、加强管理"的十六字发展方针,民办中小学教育得到了快速发展,民办教育的质量也日益受到关注。但是,相对于公办学校办学,民办中小学的发展具有自身的独特性,这也导致了民办中小学教师专业发展与公办中小学教师略有差异。

(1) 民办学校教师专业发展制度的独特性

与民办学校教师专业发展相关的法律、法规、规则、规定、政策等构成了民办学校教师专业发展的制度环境。在2019年12月16日中央编办四局明确严禁公办学校在编教师长期到民办学校任教之前,我国在很长一段时间里倾向于以"公师民用"政策来提升民办教育质量,比如选派一定比例的在编教师或校长对民办学校予以帮扶,而在民办学校教师自身的专业发展方面,相对于公办教师专业发展来说,其制度环境并不理想。以 2016 年为例,《关于修改〈中华人民共和国民办教育促进法〉的决定》以及中央层面的配套新政发布后,各省级政府也相继制定了本区域民办教育规范性文件和配套政策,但是,当中有关民办学校教师专业发展的一些内容表意模糊,可操作性不强,难以落实。《中华人民共和国民办教育促进法(2016 年修正)》和《中华人民共和国民办教育促进法(2018 年修正)》均指出,民办学校教职工在业务培训、职务聘任、教龄和工龄计算、表彰奖励、社会活动等方面依法享有与公办学校教职工同等权利。但是,一些省级政策仅仅重复了上位法的规定,停留在民办与公办学校教师享受"同等权利"上,缺乏对具体保障措施的规定(刘永林等,2020),这导致了许多民办学校教师仍然无法参与到当地教师培训计划中来,在专业发展上与公办学校教师"同等"的权益还未真正落实到位。

(2) 民办学校教师专业发展管理的独特性

民办学校内部的人事管理环境也具有其独特性。我国当代的民办教育复兴于改革开放后的市场经济时代,正是经济实力的支撑使得人民日益增强了自主选择教育的需求,进而促进了民间的投资办学。民办学校多数以企业老板投资或集资办学,因此普遍讲究工作效率而教师本位的思想略显缺乏,为了保证教师的劳动时间,一般很少让教师外出进修或继续学习深造(徐金尧等,2007)。同时,民办学校采用劳动合同制的用工制度,教师队伍不稳定,在禀赋效应(Endowment Effect)的影响下,学校也就倾向于采用任由教师自然发展的静态管理形式和侧重于近期教育教学工作的战术性管理策略,并且控制师资培训成本,舍不得在随时可能流失的教师身上投入资金来对其进行培养。

(3) 民办学校教师专业发展社群的独特性

中国教师专业发展在长期的实践过程形成了独具特色的五种学习社群,即教研组、备课组、年级组、科研组、党支部(朱旭东,2014),这些与同事、领导一起形成的专业发展共同体是教师最主要的学习社群。受各种因素的影响,民办学校教师工作缺乏长远前景却平添后顾之忧,师资稳定性不如公办学校。民办学校的师资在一年内没有

5%的人员流动,就容易变成一潭死水,但超过10%的人员流动就难以稳定,若超过20%,则潜伏着垮台和衰落的危险,我国为数不少的民办学校教师队伍已处于严重不稳定状态,劣质流动显著大于优质流动(赵敏,2012)。这种现象也导致了民办学校教师学习社群的不稳定性,所造成的"破窗效应"则导致民办学校教师自身的专业发展动力也相对不足,自我提升意识较差,不愿投入过多的热情到专业发展活动中来。

(4) 民办学校教师专业发展层次的独特性

大部分民办学校教师来源于公开招聘大学生、少部分无法转正的民办教师以及退休返聘的公办教师(尹秋玲和黄丽芬,2020),师资年龄结构日益优化,已经不再是"两头大,中间小"的哑铃状年龄结构(宋广伟,2017),但是,学历偏低、职称偏低、教龄偏短、青年教师比例过大成为了民办学校教师队伍素质结构存在的普遍问题(赵敏,2012)。民办学校师资结构的这种特殊性决定了民办学校教师专业发展层次的独特性。第一,民办学校教师的整体师资水平不容乐观,新手教师较多,如何有效提升这部分教师的专业能力,使其专业水平能达到一定的高度,专业发展能顺应时代需求,是民办教师专业发展的首要任务。第二,处于中间层次,学历、职称、教学水平都比较一般的中年教师本身已在残酷的民办学校体制内处于边缘地位,但是,为了避免师资的劣质流动,也需要以适当的教师培训来刺激中间层教师的二次发展。第三,民办学校教师中有一定比例的退休返聘教师,虽然人数相对来说并不多,但由于其经验丰富,资格较老,也会对学校的教育教学产生不容忽视的影响。而退休教师年逾花甲,受精力和体力限制以及旧经验的束缚,他们往往缺乏开拓进取精神,缺乏教育所必需的热情、朝气和奉献精神(黄东昱,2006),如何设计针对这部分教师的专业发展活动,也是民办学校教师专业发展研究中需要解决的独特问题。

(5) 民办学校教师专业发展内容的独特性

《教育部关于深化中小学教师培训模式改革,全面提升培训质量的指导意见》中强调,中小学教师培训要以实施好基础教育新课程为主要内容,以满足教师专业发展个性化需求为工作目标,引领教师专业成长。相对于公办学校来说,民办学校教师的个性化需求在很大程度上与民办学校特点相关联。第一,民办学校自诞生之日起就与市场紧紧地联系在一起,对家长和学生的需求保持着高度的敏感,服务意识更加明显(刘耀明,2018)。因此,在民办学校教师专业发展的内容中,应该比公办学校更注重家校关系和师生关系的处理。比如,由于民办学校收费与公办学校相比较为高昂,大多数民办学校学生家庭都具有一定的经济实力,因此,民办学校教师专业发展也应联系学生家庭的这一特点,提升教师对家庭教育投资行为的了解,以实现家校通力合作,拓展学生的发展空间。第二,随着民办学校招生的限制政策不断出台,民办学校的生源相对萎缩,这不可避免地影响到了民办学校的办学和民办学校学生的发展。有研究表明,民办中学的生存环境和招生形势日趋严峻,给民办中学生的心理也带来了来自社会环境的负面影响,其心理健康状况不容乐观(李娜和朱丹,2005)。因此,民办学校教师的专业发展应更注重心理健康教育能力的提升,以应对民办学校学生特殊的心理压力现象。第三,制度环境决定了民办学校教师专业发展活动多以具有特色的校本培训为主。《国家中长期教育改革和发展规划纲要(2010—2020年)》提出,支持民办学校创新体制机制和育人模式,提高质量,办出特色,办好一批高水平民办学校,《上海市民办中小学特色学校(项目)创建实施方案(试行)》中就已将教师队伍建设纳入到民办中小学特色学校创建的具体内容中来,鼓励形成支持学校特色发展的师资群体。校本培训的特点是能更好地结合学校的基本条件、发展需求和未来愿景,来为教师提供具有学校特色的专业发展内容。一些民办学校经济条件比较好,再加上政府资助,完全有能力建设特色项目,比如德育、体育、艺术、科技、心理、信息技术、安全教育等,那么学校教师的专业发展活动中必定也会体现大量的特色内容,这也是与公办学校教师专业发展相比的优势所在。

2. 民办中小学教师专业发展的紧迫性

民办中小学教师的专业发展与中小学教师的职前教育和在职教育有关机制有关,也与民办中小学教师专业水平现状和发展机制有关,目前这三者都还存在若干不足,迫切需要对民办中小学的教师专业进行有效发展。

(1) 中小学教师专业发展的有效性还有待加强

由于教师在教育发展中起着重要作用,各国都建立了较为完善的教师教育体系,通过职前和在职的教师教育,促进教师的专业发展。不仅重视师范生和教育方向研究生的培养,还投入资金开展国培、省培、各级教研(院)室和各中小学校的教师专业发展活动。但是,这些教师教育和专业活动对教师专业发展的效果参差不齐。例如,一些高师院校和培训部门更多的是在考虑自己能开设哪些课程,能讲授哪些内容,缺乏从教师专业发展角度科学设置课程,针对性选取教学内容。这种主观性、经验性,甚至因人设课的现象,导致了各院校为师范生所开设的专业课程都不尽相同,有的甚至有较大的区别。据了解,某省两所省属大学为数学师范生开设的全部数学教育类专业课程中,一所高校开设了4门课程,另一所则开设了9门课程(黄友初,2015)。一些院校师范生课程的结构也不尽合理,学科专业类课程比例过大,教育专业类课程比例过小,存在重理论轻实践的现象(国家教委,1997;廖哲勋,2001;郭朝红,2001)。一些高师院校的课程内容未能体现教育科学的最新研究,未能针对师范生的认知水平和能力及其毕业后的未来就业对象,没能很好地与中小学教育教学实际以及当前教育教学科研水平联系,缺乏针对性(贺玉兰,2007)。不仅在课程的设置方面,在教师教育课程的具体教学中,一些授课教师的教学方式和教学能力也存在较大不足,给接受学习的教师造成了不良影响。例如,有教师上课就照着课本或者课件念,缺乏展开和互动;有教师将教学工作转嫁给学生,自己不讲或讲授非常少量,而大量的课堂是让学生自学后上台讲授;也有教师讲授内容过于理论化,存在教学工作科研化的现象,传播的是自身研究的内容和方法,缺乏有针对性地提高师范生所迫切需要提高的专业能力;也有部分教师课堂教学能力较弱,未能充分调动学生学习积极性,更不利于师范生教学技能的学习和提高。这表明,目前一些教师在教学内容上缺乏时代感,教学手段仍没有脱离应试教育模式,学生参与少,难以唤起学生积极性。

调查显示,不少中小学教师对继续教育有着较强的需求,他们普遍感到所学知识已经老化,需要更新知识,提高专业知识水平,多数教师的教学方法和教学手段已经陈旧,迫切要求接受教学方法改革和现代教育技术的培训(桂林和刘丹,2003)。我国对于在职教师继续教育的投入力度也在逐步加大,2010—2012年中央财政每年投入5.5亿元支持"国培计划"的实施(金欢,2016);2012—2016年,"国培计划"——示范性项目、中西部项目和幼师国培项目共投入资金93.5亿元,培训中小学幼儿园教师、校长共计957万人次(靳晓燕,2017)。但是,这些在职教师教育的效果参差不齐,一些机构所组织的教师培训效果难以令人满意。调查表明,多数教师对当前的教师培训形式颇有微词,以师范院校、教研部门等组织的"短期集中培训班"为主流的培训形式日渐暴露出其弊端;且不说这种"校外培训"方式有利益驱动的倾向,单就其"理论传播""大班组织""单向独白"的培训特点也很难促进教师教学知识的有效发展(宁连华,2008)。也有调查表明,农村教师的培训形式单一,脱离农村实际,而且缺乏反馈机制(田琦,2009)。有学者的调查研究也得到类似结论,认为目前对在职教师的教育存在参加学校和教师缺乏主动性和积极性;实施教育单位缺乏针对性、科学性、实用性和启发性;继续教育机制缺乏权威性、规范性和保障性(周忠,2005)。

这些都说明,目前无论是职前的教师教育还是在职的教师培训中,还存在若干不足,与社会的教师专业发展诉求还存在一定差距,迫切需要对相关领域进行研究,探索更为有效的中小学教师专业发展机制。

(2) 民办中小学教师队伍的专业化水平还有待提高

自2003年《中华人民共和国民办教育促进法》实施以来,我国民办学校发展迅速,为社会提供了多样化的选择,成为公办教育的有益补充。截至2011年,全国有民办小学5186所,民办小学在校生为567.8万人,占全国小学在校生总数的5.7%;全国有民办初中4282所,民办初中在校生442.6万人,占全国初中在校生总数的8.7%(教育部,2012)。与办学规模的扩大、数量的增多相对应的是,民办教育法律条例程序化严重、民办学校办学质量有待提高、办学特色不鲜明等弊端也逐渐显露。随着我国经济的飞速发展,国家对公办教育的财政投入逐年提升,以往民办学校师资待遇高、办学条件好的优势已不复存在,因此民办学校越来越难吸引到高质量人才(胡卫,2007;吴霓,2015)。近年来民办中小学教师队伍专业化水平的提升面临着人员流动性大、师资年龄结构两极分化等诸多阻碍。在教师队伍建设中存在着社会地位不高、待遇保障不足、职称评聘不畅、参与管理不够、整体素质偏低、师资结构不合理、教师队伍不稳定、流动机制不健全等问题(胡万山,2018)。有研究显示,多数民办学校的教师工资只有同类型公办学校的40%—50%,且公办学校教师的事业编制进一步增强了公办学校的岗位吸引力,致使近年来大量师资从民办学校流至公办学校(吴晶等,2020;张侃,2020)。这些因素都导致了民办学校难以建立稳定的专职教师队伍,在缺乏优秀教师的现状下,民办学校的优质、特色化发展面临着很多问题和瓶颈,提升教师专业化水平,是解决目前民办基础教育众多问题的突破口(屠明将等,2018)。

为提高民办中小学教师队伍的专业化水平,2018年中共中央、国务院发布了《关于全面深化新时代教师队伍建设改革的意见》(下称《意见》),专门就民办学校教师的社会保障、福利待遇、合法权利等提出明确要求。《意见》发布后我国各地教育部门也在积极探索民办教育的改革发展之路,浙江、上海等地在依法促进民办教育改革发展方面出台了多项政策,积累了重要经验(崔晴,2018),但民办中小学教师队伍建设仍存在中高端型与普惠性民办学校差距较大、教师队伍人员流动频繁、教师专业发展不足、教师年龄结构两极分化等问题(姚昊和叶忠,2018)。调查表明,民办中小学教师对学科知识的掌握程度略显不足,对新课标内涵了解较少,教师信念也较为薄弱(王坤,2014),大部分地区尤其是欠发达地区民办教师与公办学校教师相比学历普遍偏低,教师专业化水平有较大差距(周民华,2019)。

教师是基础教育发展的核心资源,是影响人才培养的重要因素,也是提高教育质量的基础和保障。作为基础教育的有益补充,我国民办中小学教师已成为教师队伍的重要组成部分,对我国基础教育质量产生直接影响。但是,目前我国民办中小学教师的专业化水平还存在差异性较大、学校和教师自身的重视程度不够等问题,需要对此现象的深层次原因进行必要研究和分析。

(3) 民办中小学教师的专业发展路径还有待优化

教师的选聘、培训与发展,教师的留任与离职等问题都会对民办中小学教师专业发展路径产生影响。经过几十年的探索,我国教师专业发展路径经历了最初的教师听评课、研讨模式,到后来的培训、校本模式,至现在的互联网在线研修等形式并存(吴亚利,2015)。但是这些教研活动,在不同的民办中小学开展的程度存在较大差异,缺乏制度保障。有学者指出,当前民办中小学教师培训面临着教师参加的机会少、参与培训的教师所体现的自卑感、教师参与培训的热情不高、教师培训的效果不大等问题(王中华,2014)。尽管针对中小学教师专业发展中所出现的问题,我国政府出台了关于促进民办学校教师在职进修的条款,但由于总体教育资源的有限致使目前政府的资助政策仍较多向公立学校倾斜,民办教师参与在职进修也缺少学校多方面的制度支持,如鼓励教师参与进修的政策、教师参与进修的学费报销政策、教师参与进修的工作量减轻政策、教师通过进修获得学历后的奖励政策,这些政策在大部分民办学校仍不完善(沈小琦,2018)。除了缺少参与专业发展培训项目的机会,年轻民办教师参加校外专业技能比赛的机会也少之又少,专业技能提升途径有限。由于民办教师中教师年龄结构差异较大,老教师和新教师在专业发展的认识上也有许多偏差。制度政策的不完善导致民办中小学教师提升自身专业水平的路径大都是校内自发进行的形式,如基于本体标准参照的"自培式"专业发展路径、基于市场竞争的"自购式"专业发展路径、基于职业生存的"自学式"专业发展路径(荀禹等,2020)。

由于缺乏校外平台的支持,民办中小学教师专业发展的校内平台显得十分重要。在一些民办中小学,校内教研活动还较丰富,教师们会经常举办听课、评课、说课、公开课活动(陈茜伊,2019)。但是,这也给本已繁忙的民办中小学教师,增加了工作量。例如,有研究发现上海地区超过40%的民办中小学教师认为专业发展时间与工作时间冲突(杨洁等,2019)。也有学者指出,民办中小学中普遍存在教师课时安排紧凑、专业发展目标缺失、专业发展行动力不足、规章制度形式化的情况(王坤,2015)。由此可看出,日常工作较为繁忙是影响民办中小学教师专业发展的重要因素。这些都导致了民办中小学的教科研氛围较为淡薄,对课程教学改革关注较少,教育教学手段也相对单一。

教师专业发展通常会经历工作适应期、目标定向期、自我探索期、创造成熟期(程红艳等,2011),有研究显示我国民办中小学教师主要来源于应届毕业生、退休教师、从公办学校聘用的兼职教师。毕业后直接到民办中小学任教的人数占民办中小学教师总人数的46.2%,且多数教师教龄在五年以内(徐翠娟,2011)。民办中小学教师队伍的年轻化导致任教教师多数仍处在工作适应期或目标定向期,而中年骨干教师比例较低也导致青年教师在发展过程中缺乏获取经验的途径,为教师队伍专业化水平提升带来困难。民办中小学教师的主体性地位缺失也为教师专业发展造成了困境,由于教师年龄结构的两极分化,具有较长教龄的民办中小学教师自身对于专业发展的积极性较低,其对于自身专业发展的主要目标是为了在一定程度上提升自己的工作薪资水平,以往参与的专业发展活动流于形式也导致部分民办中小学教师对其认同度较低,在薪资水平固定的情况下不愿意再次参加相关活动(沈小琦,2018)。而对于民办学校青年教师来说,由于很少有机会参与学校管理决策,在职称评定、培训进修等方面的个人发展需求得不到满足,缺乏教师主体性的校内管理制度也致使民办中小学教师易产生缺乏归属感的不平衡心态,导致其专业发展空间严重受限。

由此可见,相较于公办学校,我国民办中小学教师专业的内涵和发展具有诸多独特性,不同民办中小学的教师专业化水平也存在较大差异,以往公办中小学教师的专业发展路径是否适用于民办教师需要进行探索。因此,有必要对民办中小学的专业发展进行较为系统的研究与分析。

1.2 研究问题和意义

1.2.1 研究问题

从以上论述中可看出,在教育外部,社会的发展对教师的专业不断提出新的要求,在教育内部,教师群体价值重构的内部自省体现了教师专业发展具有长期性和持续性。而对于民办中小学教师群体来说,不仅教师队伍的专业水平参差不齐,迫切需要快速提高,而且专业发展的有效路径还需要进一步探索。因此,本研究将以上海民办中小学教师为主要研究对象,就民办中小学教师专业素养的内涵、基本特征和发展路径进行探索,具体研究问题主要包括以下三个方面:

(1) 民办中小学教师专业素养的内涵是怎样的?
(2) 民办中小学教师专业素养有哪些基本特征?
(3) 民办中小学教师专业素养发展的有效路径有哪些?

本研究将主要采用文献分析法、问卷调查法和访谈调查法,通过量化研究和质性研究相结合的方式对民办中小学教师进行调查分析。为了更好地分析民办中小教师专业素养的内涵、基本特征和发展的主要路径,本研究将会对民办中小学教师内部的不同群体教师进行比较,对民办中小学教师与公办中小学教师进行比较,从比较中厘清民办中小学教师专业内涵具有哪些独特性,专业发展现状有哪些基本特征,以及目前专业发展的有效路径和主要影响因素分别有哪些。

1.2.2 研究意义

社会的发展离不开教育,而教育质量提高的关键在于教师的专业化水平,这些都表明了教师教育的重要性已远远超出教育事业的本身,关系着国家和民族的未来(王长纯,2009)。民办中小学已成了我国基础教育的重要组成部分,但是办学机制还有待进一步完善,在公益性和营利性角色冲突的困扰下,不同民办中小学的管理机制也有着较大差异。这也导致了民办中小学教师出现了流动性高、结构不合理、重使用轻培养等现实问题(王中华,2014)。因此,本研究对民办中小学教师的专业发展进行研究,具有较强的社会意义和现实意义,既可以拓展和深化教师专业发展的研究,也可以为当前的民办中小学教师专业的持续性发展进行必要探索。

1. 教师专业发展研究的拓展与深化

教师的专业化发展是一个长期的、持续不断的过程,在社会发展的不同阶段,其内涵也将根据社会现实做出适当的调整。这些都凸显了教师专业发展研究的必要性和长期性,有必要根据时代的发展,重新审视教师专业的内涵,厘清教师专业的基本特征,探索更为有效的发展路径。本研究正是以此为背景,对教师专业的进一步发展进行探索和分析。应该看到,随着社会的发展,我国的教师专业发展中也出现了专业价值退化、专业技术理性束缚和专业发展的区域失衡等不足(黄友初,2018)。当前,在信息技术对社会和教育都已产生重要影响的时代背景下,社会对人才也有了不同的需要,为了更好地适应社会发展,近年来各国的教育改革相继展开,在教育目标、教育内容、教育方式和教育评价等方面都有了较大的调整。教育改革的内外一致性决定了基础教育的改革必然会导致教师专业内涵的重构与蜕变(黄友初,2019b)。在此背景下,对在人才培养中起着关键性作用的教师专业水平进行研究,具有重要的社会意义,这也是教师实现专业持续性发展的内在诉求。

在以往的教师专业发展研究中,主要聚集于公办教师,对民办中小学教师专业发展的关注较少。造成这种现象的原因是多方面的,本研究将以上海民办中小学教师为主要研究对象,对民办中小学教师专业内涵的独特性、专业水平的主要特性和专业发展的基本路径进行分析。这对拓展教师专业发展的研究领域,具有重要意义。在本研究中,将采用多种方法和数据处理方式对民办中小学教师专业化水平进行测评、比较和分析,这些方法和方式都具有较强的参考和借鉴价值。因此,本研究对于教师专业发展研究的深化,也具有重要理论意义。

2. 民办中小学教师专业发展的时代探索

民办中小学办学主体的社会性和经费来源的非国有财政性,决定了营利性因素将会在学校发展规划和管理决策中扮演重要角色。从这个角度上说,教师的专业水平对于民办中小学发展具有更加直接和更为重要的影响,相比公办学校,民办中小学将会更加重视教师的专业化发展。但是,在教育现实中,民办中小学教师的专业化水平和发展路径都还存在若干不足。这既有社会文化和教育体制等外在因素的影响,也有民办中小学内部的校园文化和管理机制等因素的影响,有必要对其进行较为系统的分析和探索。

由于民办中小学在我国起步较迟,民办中小学教师的群体还不大,这些都导致了对民办中小学教师专业发展的研究还相对较少。随着数字化技术的迅猛发展,经济产业结构和社会生活性质都发生了根本性的变化,越来越多的工作类型要求高度发展的智力技能和技术素养,要求参与者适应充斥高技术的工作环境,以团队方式开展工作,能够解决不良结构的问题(Autor 等,2003)。而且,现代社会变化加速,需要人们能够尽快适应新的环境,能够学会运用各种技术开展工作和管理日常生活事务,能够多渠道获取资源和信息,处理复杂多变的任务。这些都需要个体不仅要具备相应的知识和技能,还要培养获得和施展能力的意愿和积极性,以及良好的职业操守和行为品格,这就是素养人才观。比起知识和技能,素养更注重个体的全面发展,更注重内化和养成。这种背景下,民办中小学教师是否具备了相应的专业素养?他们的教育理念、知识和能力是否与素养教育相适应?他们对民办中小学教师身份的认同如何?目前的专业发展路径能否满足发展的需要?在专业发展过程中存在哪些困境?这些问题都有待进一步研究。本研究将对此进行探索,分析时代背景下,民办中小学教师专业素养的基本特征、主要发展路径和影响因素,在厘清民办中小学教师专业内在特征的同时,为专业的有效发展提供相应对策。这对于提高民办中小学教师专业水平,提升民办中小学教学质量都具有重要的现实意义。

1.3 研究路径与框架结构

1.3.1 研究路径

在教育研究中,主要有定量研究、定性研究和混合研究这三种范式或方法。纯粹的定量研究依赖定量数据(数值型数据)的搜集;纯粹的定性研究依赖定性数据(非数值型数据,如文字、图画)的搜集;而混合研究涉及定量和定性研究方法、方式或其他范式特征的混合(约翰逊和克里斯滕森,2015)。定量研究和定性研究具有各自优势和不足,定量研究的结果既有方向性描述,也有程度性刻画,但对于一些复杂性问题往往难以精确刻画;定性研究的结果主要为方向性描述,呈现陈述性结果,但在程度上往往只能模糊性分析。鉴于教育问题的复杂性,在研究中往往采用混合研究。

教师的专业具有内蕴性、抽象性和全面性,难以通过某一研究过程将其厘清、明了。为此,本研究不仅在研究内容上模块化,在研究方法上也采取了多元化的方式,从多角度分析教师专业的内在特征,在研究过程中主要采用文献分析法和调查研究法。本研究首先通过文献分析、专家访谈和问卷调查等方式,厘清民办中小学教师专业素养的核心内涵与结构,然后采用问卷调查和访谈调查对各结构下的具体专业素养进行测评,以及对发展路径进行分析。

调查研究是教育研究中最为常见的研究方法,主要包括问卷调查、访谈调查、课堂观察和测评调查等方式。本书为完成目标,主要采用了问卷测评、课堂观察和访谈等方式对不同民办中小学教师群体进行调查,分析他们专业素养的现状和差异,以此判别民办中小学教师专业素养的基本特征和发展轨迹。本研究调查问卷的编制通过项目分析、探索性因子分析和验证性因子分析的检验,确保良好的信度和效度。访谈主要采用半结构方式,在内容上分为两个部分,一是通过访谈了解民办中小学教师的专业素养内涵和结构;二是通过访谈了解影响民办中小学教师专业素养发展的主要因素,为提出民办中小学教师专业素养发展对策提供必要依据。在访谈中,根据研究目标和研究内容，拟定相应的提纲。

研究所搜集到的资料主要可分为量化和质性两种类型，量化数据是数值型的，主要通过量化测评和调查获得；质性数据主要是描述型的，主要通过访谈、观察和文字分析获得。量化数据的处理，主要通过 SPSS 和 AMOS 等统计处理软件；质性素材的分析，主要采用扎根方法，它可依据理论的指导，通过多重编码获得抽象程度较高的概念性结果。

1.3.2 框架结构

本书围绕民办中小学教师专业素养的内涵、基本特征和主要发展路径三个方面展开，共分为五个章节。

第1章，引言，是本书的统领性论述，主要介绍本书的研究背景、研究问题和意义，以及研究路径与框架结构等内容。

第2章，民办中小学教师专业素养的内涵，主要探讨民办中小学教师专业素养的内涵与公办中小学教师具有哪些共同性和差异性，可归纳为哪几个基本构成维度。主要采用文献分析、问卷调查和访谈调查相结合的方法，包括中小学教师专业的内涵与构成、民办中小学教师专业的时代内涵、民办中小学教师专业的构成和小结等内容。

第3章，民办中小学教师专业素养的基本特征，主要采用问卷调查和访谈调查的方式，对民办中小学教师专业素养的若干子领域进行测评，通过不同群体教师的比较，厘清民办中小学教师专业存在哪些特征，包括民办小学数学教师专业知识的基本特征、民办中小学教师反思能力基本特征、民办中小学教师专业情意特征和小结等内容。

第4章，民办中小学教师专业素养发展的主要路径，主要采用问卷调查和访谈调查的方式，对民办教师专业素养发展的主要路径和具体成效进行调查，以厘清民办中小学教师专业素养的主要路径，以及在这些路径中存在哪些影响民办中小学教师专业素养发展的因素，包括民办中小学教师专业素养自主性发展的主要路径、民办中小学教师专业素养组织性发展的主要路径、民办中小学教师专业素养发展的影响因素和小结等内容。

第5章，研究的结论与发展建议，对本研究进行总结并提出相应建议，包括研究的主要结论、民办中小学教师专业素养发展的主要建议等内容。

第 2 章　民办中小学教师专业素养的内涵

个体在社会、家庭和工作中都扮演着不同的角色,履行不同的职责,有时难免会出现角色冲突。教师也一样,在处理不同事务时需要的专业内涵是不一样的。为了更好地了解民办中小学教师的专业素养,有必要就其在教育教学中所需要的专业具有怎样的内涵和特征进行分析。教师在从事具体教育教学工作时,往往体现出的是知识、能力和理念等综合性的专业素养。从认识和发展的角度,过于综合、复杂和抽象的专业内涵诠释,难以深入了解,给专业的发展也带来困难。为此,有必要对民办中小学教师专业素养的结构进行探索。但是,要分析民办中小学教师专业素养的内涵、特征和结构,需要从教师专业的一般性内涵、特征和结构入手,再结合民办中小学的实际情况,对其共性和个性进行归纳。本章主要分为中小学教师专业素养的内涵与构成、民办中小学教师专业素养内涵与构成的调查、民办中小学教师专业素养的主要构成、本章小结四个部分。

2.1　教师专业素养的内涵与构成

2.1.1　教师专业的内涵与特征

人们对于教师专业内涵的认识经历了一个长期的过程,早期对教师从事教育教学所应具备的专业还缺乏探讨,此后逐步有了约定俗成的观念性认识。随着教师重要性的增强,对其所应具有专业的研究逐步加深,这种观念性认识逐步显性化,教师专业成为了应显性的概念,并在不同历史阶段对其内涵进行了诠释。总体来看,可将教师专业内涵归结为知识本位、能力本位和素养本位三个阶段。

1. 知识本位的教师专业观

在制度化的教育形成以前,社会对教师的要求是掌握文字或简单技能,对"教什么"和"如何教"的探讨不多,更没有教师专业的概念。此后,随着教学内容的增加,对于教师的知识要求也越来越高,认为教师首先自己要掌握这些知识,才能教给学生。教师专业的要求在很大程度上体现为对教师知识的要求,呈现的是知识本位的教师专业观。当然,在很长的一段时间里,人们将教师知识等价于教师的学科知识,认为一个人只要具备了学科知识,就能够教授该学科(李琼,2009)。进入 19 世纪后,虽然有些学者开始关注教师的知识构成,但他们的论述是零散的,还没有深入的研究(李长吉和沈晓燕,2011)。随着教育重要性的日益突出,人们也开始关注教师的有效教学需要具备哪些学科知识,哪些学科知识会对教师的专业活动产生重要影响。

进入 20 世纪 60 年代中期后,受到行为主义理论的影响,学者们从教师的教学行为和学生学业表现之间的联系进行研究(杨翠蓉等,2005)。这类研究秉持的是科学实证主义的研究范式,是基于"过程—结果"(Process-Product)的研究模式,力图通过"科学化"的研究方法,为"好的教学"提供一个坚实的知识基础,希望在教师的教学行为和学生的学业成就之间建立起线性的因果关系,进而研究教师的教学知识(Hoyle and John,1995;Verloop et al.,2001)。研究也取得了一定的成果,特别是在教师的教学行为如何更好促进学生学习这方面。例如,教师在课堂教学中聚焦于活动而不是管理,以及教师能引导学生参与课堂等行为可以有效提高学生学业成就(Doyle,1977)。但是,这种方法的研究存在两个方面的问题:一是忽视了教育的复杂性,将教学和学习的过程归结为简单的线性因果关系;二是对于教师的教学行为,主要采用观察法,而对于做出这种行为的原因则缺乏关注,导致研究结果出现了较大的偏离,甚至出现了自相矛盾的情况。

为了解决教师教学行为难以量化、不能满足"科学化"研究的缺点,一些学者开始转向研究教师所学习过的专业课程数量或者教师的学历与学生学业表现之间的联系。这类研究也取得了一定的成果,例如贝格勒(Begle,1972)研究发现,教师的学科知识需要掌握到一定的程度,而超过了合理的门槛(例如几门专业课)后则无关紧要。这可理解为在一定程度内,教师所学的学科知识和学生的学业成绩正相关,而超过了这个程度,则不存在这种相关性。穆伦斯等人(Mullens et al.,1996)运用统计模型将1 043个三年级学生的数学成绩和他们的72位教师的学习经历的联系进行研究,发现教师学习专业课程的数量和教师的学历与学生的学习显著相关。但从总体上说,这类研究得出的结果是多样化的,有的研究结果不但相互矛盾而且显得幼稚(Even,1993)。例如贝格勒(Begle,1979)认为,大部分的研究认为教师所学的课程、考试成绩、学历和学生的学业表现没有太大的关系;只有部分研究(10%)认为存在正相关;还有部分研究(8%)认为存在负相关。因此,这类研究的结果大多没有实际价值,也不能很好地解释教育现象,研究所得出的教育理论与教学实践之间存在较大的差异,受到了普遍的质疑。因为仅凭教师在大学所修课程的数量、学科专业课程的考试成绩,并不能真正反映出教师的教学知识。鲍尔(Ball,1990)指出,教师所学习的知识与学生的学业成就并没有直接的联系,而是与教师在教学中所体现出来的知识直接相关。例如,一些教师虽然学习了很多专业课程,但是有效掌握的不多,而能在教学中转化成教学形态的知识更少;而一些教师虽然知道怎么教会更好,但是缺乏较高的语言表达能力、教学设计能力和课堂组织能力,这也使得课堂效果打折扣。为此,该如何教逐渐成为了教师研究的热点,对教师专业内涵的诠释从知识本位过渡到了能力本位。

2. 能力本位的教师专业观

随着教师研究的深入,学者们逐渐意识到教师所具备的学科知识是教师实施专业活动的基础,但不是关键,关键因素在于教师是如何做的。这既受到知识的影响,也受到教师能力的影响。其中知识是内在影响因素,它不仅包括学科知识,也包括学科知识该如何教的知识;而教师能力是外在影响因素,主要体现在教师所实施的各种教学行为,也是教师专业水平的重要表现。由于教师能力与教师的课堂表现密切相关,直接影响着学生的学习与发展,而且相较于知识的内蕴特征,教师能力具有一定外显性,便于观测和分析。因此,教师能力逐渐成为了教师专业化水平的主要衡量标准。

其实在教师职业开始出现后,业界所关注的就是教师的业务能力,关注他们自己能否在所教的领域或学科中有较好的业务能力。例如,教授音乐和美术类的教师,要求他们自己首先要具备较好的音乐水平和美术能力;教授数学的教师,自己的数学解题能力、运用数学的能力要达到一定水平等等。但是,这个阶段对教师能力的要求不高,是一种经验性的认识和要求,认为比一般不会的人强一点即可,也是一种最为基本的要求,而且更多是在学科能力方面,对于教育教学能力方面的要求甚少。

随着教育规模的扩大,以及教育重要性的日益增强,社会对教师能力也有了更高的要求。除了掌握所教学科的业务能力,还要求教师要教得好,关注焦点从"能教"逐渐转移到"会教"。这个阶段的"会教",更多地体现在教师的教学行为能力方面,包括语言表达、神态、语态、课堂节奏、组织管理等外显性的行为能力。因此,自20世纪70年代开始,教师能力成为了欧美国家中教师教育研究领域的热点。美国的"能力本位师范教育""模拟教学"和"微格教学"等都是强调教师教育中发展教师专业能力的产物(教育部师范教育司,2003)。通过新手教师和专家教师专业能力的比较,以及教师能力与教师学业成就的相关性分析等研究,学者们对教师有效教学所需要的能力结构有了越来越深刻的认识。

到了20世纪后半叶,欧美学者又通过对"好的教学"和"有效教学"的研究来说明教师应该具备的一些教学行为特征,并由此制订相关的教师专业标准(周启加,2014)。这种能力既包括了通过反复训练和模仿可以达到的教学技能,也包括在训练和反思后才能获得的设计教学、组织教学和教学研究等高级能力。这种能力以教师的自身的基本行为能力为基础,以知识的丰富和内化为指导,以实践训练和反思总结为途径,逐步构建而成。

由此可看出,能力本位的教师专业观,聚焦于教师实施教育教学中所体现出的综合性能力,它并未否定知识对教师的作用,而是将知识视为影响教师能力的一个重要因素,教师只有对学科知识和教育知识有更多的了解,并能以此指导自身的教育教学行为,才能让教师的教学实践更加合理、更为有效。因此,在这个过程中,学者们对于教师知识的探索并未停止,对教师有效教学所需要的知识进行了更为细致的分析。但是,能力本位教师专业观的内涵更加多元,相较于知识本位更具动态性,对教育教学的影响更为直接。这些因素都促使教师能力成为衡量教师专业化水平的关键。

3. 素养本位的教师专业观

随着社会的发展,教育的内部和外部环境发生了较大的改变,发展学生的核心素养成了社会所关注的焦点和各国教育改革的核心,这是社会发展的必然趋势,也是教育范式转变的必然结果。教育的核心要义是促进人的全面发展,不仅要有知识、有技能,还要有修养、有智慧,是兼具必备品格和关键能力的人才(黄友初,2019b)。在全球化和信息化的社会背景下,知识的获取途径日渐多元,各行业既高度分化又相互融合,只有超越了知识与技能的素养,才能更好地适应变动不居的复杂情境。因为相较于知识和技能,素养更注重个体的全面发展,更注重内化和养成,具有内在性、统领性、粘连性和终极性等主要特征,是个体成长的内在核心(杨忠君,2015)。社会的发展导致了教育体制、教学方式和学习途径都将发生变化,这种变化超越了传统课程的范畴,体现了个体全面发展的教育本质观,也凸显了终身学习的教育生态观(谢维和,2016)。而教育改革的内外一致性决定了,基础教育的改革必然会导致教师专业内涵的重构与蜕变。教师是教育教学的主导者,是教育目标的直接实施者,要培养学生适应终身发展和社会发展的必备品格和关键能力,教师首先要具备相应的品格和能力(朱宁波和崔慧丽,2018)。

这些都表明了,能力本位的教师专业观已难以诠释当前教师专业的全部内涵,无论是教师专业发展的社会诉求还是专业价值的自我提升,都需要教师构建与素养教育相适应的专业素养,这就是以专业素养为本的教师专业观。结合教师专业活动的基本特征和信息化时代的社会背景,可认为教师专业素养是教师在先天条件基础上,经历养育、教育和实践等各种后天途径逐步养成的,对教师的教育、教学活动有着显著影响的素质和修养,是教师从事符合时代发展的职业活动所需要的各种心理品质的总和。教师专业素养的内涵既体现了教师专业的基本内容,也彰显了教师专业的时代特色。在纵向上与教师的专业化发展一脉相承,在横向上与素养背景下的教师专业诉求相契合,是教师专业发展的时代产物。这种专业内容的基本特征主要表现为,在内容取向上具有专业性,在价值取向上具有统领性,在组织取向上具有发展性。

教师专业素养的内涵是建立在把教师职业视为一种"专业"的基础上,具有较强职业特殊性和标志性,是教师专业所特有的素养。这种素养仅聚焦在教师的教育活动和教学实践中,并会对教师的教育和教学效果产生显著性影响,而与教师作为普通公民的其他品质没有必然联系。因此,教师专业素养不能简单称为教师素养,其原因在于后者所涉及的层面较为宽泛,未能彰显教师专业独有的素养品性。教师专业素养的专业性特征,是教师专业本质的重要体现与基本保证。

教师专业素养是教师从事教育教学实践所需要的各种心理品质的总和,既有内在的认知与理念,也有外在的行为与能力;既包括了一般教师都应具有的基础性品质,也涵盖了具有教师个人特色的专有品质。这种品质不仅综合性强,更是教师各种教育和教学实践活动的指引。它统领着教师知识的发展、能力的提升和理念的更新,统领着教师专业的核心素养与非核心素养之间的协同发展,也统领着教师在实践活动中的各种外显性行为。教师专业素养的统领性特征,是教师专业价值的重要体现。

教师专业素养是教师在先天条件基础上,通过后天的学习、生活和实践逐步形成的,具有一定的稳定性,但是它也具有不完备性和可变性,会随着社会的变革和教师自身素养的变化逐步调整,从一个稳定体发展到另一个稳定体,不断适应着教育的需求和教师个体的变化。这其中教师自身的内部因素是关键,社会的外部因素是根本,在内部和外部因素的交互下,教师的专业素养形成了稳定和变化的统一体,螺旋式地上升或者下降。教师专业素养的发展性特征,是教师专业不断发展的着力点,也体现了教师专业发展的可行性。

由此可看出,社会的发展对教师的专业内涵也提出了新的要求。在信息社会中,知识更迭和文化革新的加剧,新的知识、技术和教育环境对教师的知识、能力和理念提出新的挑战,促使教师提升主体意识,树立终身学习的专业发展意识,能主动捕捉时代变革信息,自觉促使自身专业价值的发展。这些都表明,在素养教育背景下,教师的教学理念、知识结构、教学方式和专业发展意识等心理品质都将发生变化,只有超越知识和能力的素养才能更好地诠释教师专业的本质内涵。教师专业素养是教师素质和教养的融合,是教师天性和习性的结合,也是教师内在秉性和外在行为的综合。

2.1.2 教师专业素养的主要构成

为了更好地分析教师专业素养内涵,也为了更有效提升教师专业水平,有必要对教师专业素养的主要构成进行分析。从研究方法上说,既可以自上而下对相关文献进行演绎式分析,也可以自下而上对教师进行归纳式探索,前者具有较强的学理性,后者具有较强的现实性。扎根分析基于后实证主义的范式,以生成和构建理论框架为主旨,可以较好地结合归纳和演绎的优势(陈向明,2015)。鉴于教师专业素养内涵的复杂性，以及学者对构成要素解读的多样性，有必要从一线教师的视角，自下而上地对教师所应具备专业素养的主要构成要素进行探索。为此，本研究通过对364位教师进行开放性调查，在对2167个数据进行原始编码、开放性编码、关联性编码和主轴编码等步骤的扎根分析后，聚类得到了教师品格、教师能力、教师知识和教师信念等四个主范畴，以及教育情怀、课堂教学能力和学科知识等12个二级维度。该研究结果与其他学者通过实证性测评（张翠平等，2016）和通过专家访谈（周九诗和鲍建生，2018）所得到的研究结果基本一致。这表明，教师的专业素养主要可从教师品格、教师能力、教师知识和教师信念四个维度进行刻画。具体维度内容、内涵特征和统计频数如表2-1所示。

表2-1 教师专业素养的主要构成表

一级维度	二级维度	主要内涵	频数
教师品格	教育情怀	指教师对本职工作的热爱，可体现为爱岗敬业、关爱学生、工作热情高等品性	392
	公民品德	指教师作为普通公民所需具备的价值观、思想政治觉悟、身心健康、有爱心等品德	331
	人格品质	指教师无论从事本职工作还是作为行为个体所需要的上进心、毅力、耐力、自我约束力等内在品质	308
教师能力	课堂教学能力	指教师课堂教学中所需的语言表达、神态动作、教学组织、教学设计等能力	290
	教学反思能力	指教师在教学实践活动后的自我反思、自我学习等能力	143
	沟通合作能力	指教师与家长、学生和同事沟通的能力	134
	教育研究能力	指教师对教与学的钻研、教学设计等能力	129
教师知识	学科知识	指教师所教学科的本体性知识	160
	教育知识	指教师应具备的教育学和心理学方面知识	125
	通识知识	指教师应具备的科学和人文方面知识	40
教师信念	教育教学信念	指教师具有的教育基本观念，包括对教学本质、教学操作、学习过程、学习能力等的认识	63
	学科知识信念	指教师对所教学科知识的基本观念，包括学科知识的来源、价值性、真理性和结构性的认识	51

1. 教师品格

教师的主要工作是通过教育教学培养社会所需要的合格人才，所谓的合格人才不仅要有良好的知识和技能，还需要有较高的政治觉悟、积极的工作态度和良好的道德品质。这就要求教师自身必须具备良好的品格，包括崇高的职业理想、高尚的思想道德境界、融真善美于一体的教学风格、严谨的治学精神、高超的教育智慧等（李继宏，2010）。教师品格是教师专业的隐性特征，却能对学生产生潜移默化的影响。因为教师的教学不是仅仅让学生增加知识、提升能力，更是要在思想情感、价值观和思维方式等精神世界也能获得发展和提高，这些都离不开教师的职业投入和品质感染。因此，正所谓优秀的人才应该德才兼备，以德为先，教师品格对人才培养有着关键性的影响，是教师专业的重要组成部分。

教师的品格不仅体现为教师外显的行为规范，也包含了教师内在的道德品质和情操。扎根分析表明，教师品格可分为公民品德、教育情怀和人格品质等三个部分。教师首先要具备作为普通公民所应达到的基本道德修养，例如思想政治倾向、价值观、遵规守纪等；然后，教师还需要具有较高的教育情怀，热爱教师职业，并能关爱学生、工作积极投入，这也是普通教师应该达到的基本品格要求；但是，为了追求卓越，为了更好地适应教育内外部的变化和要求，教师还需要具备良好的人格品质，包括终身学习意识、上进心和毅力等。调查显示，在教师的专业素养中，一线教师对品格的认同程度最高，认为教师品格是教师专业素养最为重要的素养。

2. 教师能力

教师能力是教师在接受和参与教师教育、从事教育教学以及投身教研等活动中生成和发展的，能够适应社会发展、教师职业要求和促进自身专业发展的个性心理特征（王光明等，2018）。它主要体现在教师所实施的各种教学行为，与学生的学习与发展有着密切的联系，是教师专业的外在表现，也是教师专业化水平的重要衡量标准。

调查显示，教师能力可具体分为课堂教学能力、沟通合作能力、教学反思能力和教育研究能力等四个部分。其中，课堂教学能力是教师专业能力最为重要的部分，既包括外在的课堂行为能力，也包括内在的教学设计与组织能力；沟通合作能力指教师与同事、学生和家长沟通的能力；教学反思能力指教师在教学前、教学中和教学后进行反思,以促进自身专业发展的能力;教育研究能力指教师对教育教学进行理论性分析和实践探索,以获得对教育教学更深层次理解的能力。教师能力是教师能否胜任教育教学的重要标志,被一线教师认同的程度也较高,是教师专业素养的重要体现。

3. 教师知识

知识是教师从事教育教学活动的基础,在教师的专业发展中扮演着重要的角色,不仅直接影响着教师的教学行为,也间接影响教师的教学设计,是教师专业化水平的重要标志(黄友初,2017)。在教育发展的早期,学者们大多聚焦于教师的学科知识,随着教育的推进和教育研究的深入,与教师课堂密切相关的实践性知识逐渐受到关注。在素养教育背景下,教师知识的个体性、过程性、主动性和参与性等特征将受到更多的关注。

调查表明,教师知识可分为学科知识、教育知识和通识知识等三个部分。其中,学科知识指教师所任教学科的本体性知识,该知识的掌握程度决定了教师对于"教什么"的理解,是教师能否胜任该学科教学的知识前提;教育知识主要指"怎么教"方面的知识,包括教育基本理论和儿童思维与心理发展等方面的知识,对教师能否有效教学有着重要的影响;调查发现,一线教师认为教师是否具备广阔的知识面也十分重要,包括天文地理、人文历史和哲学政治等方面的知识,可将其称为通识知识,它对教师的教育和教学活动也有着重要的辅助作用。

4. 教师信念

教师信念是教师在自身学习和教育教学过程中,逐步形成对教育教学、学科知识、学生和环境等方面的独特认识,对教育和教学所持有的基本观点和基本态度,是教师实施教学行为和教育实践活动的基本依据(赵昌木,2014)。教师信念对教师的职业行为有着广泛的影响,包括教师对学生、学习过程、学校在社会中的角色、教师自身以及课程和教学等与教学相关因素的认识、情感与评价(Pajares,1992)。有学者的研究表明,教师信念对教师教学计划和教学安排的影响程度甚至大于教师知识(Bonne,2012)。因此,无论从影响的广度还是深度上分析,教师信念都可认为是教师专业素养的重要组成部分。

第2章 民办中小学教师专业素养的内涵

在调查中,虽然一线教师没有明确提到"信念"这种书面性较强的词语,但是他们所提到的理念、观念、看法和倾向等内容都属于教师信念的范畴,具体可分为学科知识信念和教育教学信念两个方面。其中,学科知识信念指教师对学科知识来源、价值、绝对性与相对性等的认识;教育教学信念指教师对教育的本质与价值、教学的过程与方法,以及学习的途径与学生差异等方面的认识。

综上所述,根据调查的结果,可将教师专业素养分为品格、知识、能力和信念等4个一级维度和12个二级维度。它们之间并非相互割裂,而是有着密切的联系。其中,教师信念最为关键,它对教师知识、教师能力和教师品格都有着重要的影响;教师品格会在很大程度上影响着教师的行为,也会影响着教师的知识观;而教师知识是影响教师能力的重要因素。当然,这种影响关系也不是单向的,教师在实践过程中也能产生新的知识,教师知识和能力的变化也会影响教师品格形成,而教师的信念也会随着知识、能力和品格的变化做出适当的调整。教师专业素养主要构成的具体框架结构如图2-1所示。

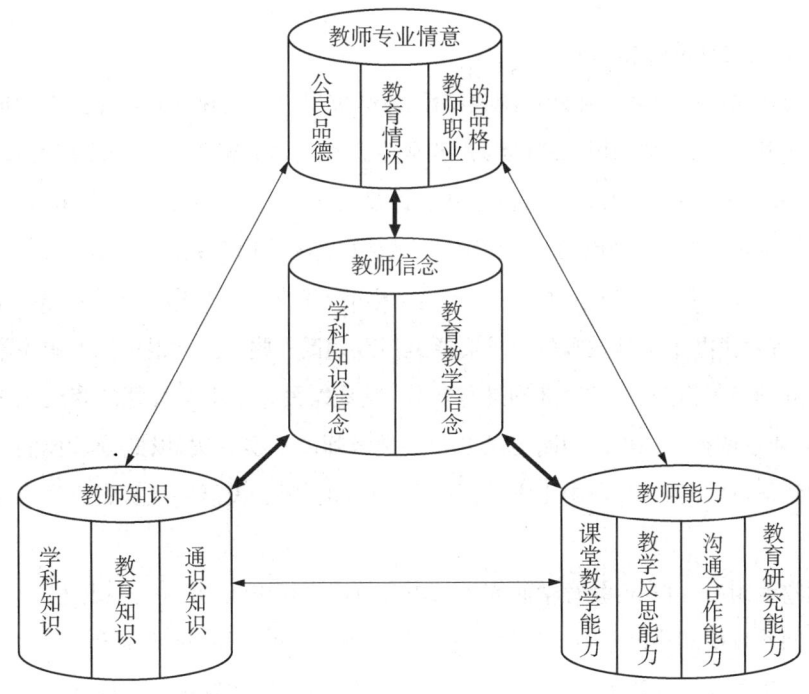

图2-1 教师专业素养主要构成框架示意图

2.2 民办中小学教师专业素养内涵与构成的调查

民办学校具有一定独特性,以公办教师为绝大多数样本群体为基础的研究结果是否适用需要进一步分析。为此,有必要在已有教师专业素养内涵和结构研究文献为指导的基础上,通过问卷调查和访谈调查,对民办中小学教师进行调查。

2.2.1 民办中小学教师专业素养问卷调查工具

调查工具需要具备较高的效度和信度,为此在工具构建过程中需要依据研究理论,按照已有研究对教师专业素养结构的分类和内涵诠释,编制对应内容的试题。

1. 问卷设计的依据和内容

为分析民办中小学教师专业的独特性,本研究以上述教师专业素养主要构成的研究结果为基础,以教师知识、教师能力、教师信念和教师品格等4个一级维度,以及学科知识、课堂教学能力、教育教学信念和公民品德等12个二级维度的内涵为指导,每个二级维度都根据内容编制了3道题目。问卷的选项采用李克特5点法,其中3分表示该内容对民办教师和公办教师的要求是一样的,其他分值表示相较于公办中小学教师,该内容对民办中小学教师的要求需要偏高或偏低一些。虽然很多民办中小学教师没有公办学校工作经历,难以准确进行比较,但是以民办中小学教师的直观感知为判断标准,通过调查结果可以判断出民办中小学教师的真实想法,以此分析他们所具有的心理特征,这些可为民办中小学教师的专业内涵分析和发展路径探索提供必要的参考依据。

问卷编制后,由多位教育学研究生对内容效度进行确认,并对文字表述进行推敲。然后将问卷发给部分民办中小学教师进行预调查。根据反馈,对问卷的部分表述进行了修正。正式问卷由两个部分,共43题构成。第一个部分为基本信息,包含性别、任教学段和教龄等 7 道题,第二个部分为专业内容的感知判断,共计 36 题。正式问卷的具体内容和维度构成如表 2-2 所示。

表 2-2 民办中小学教师专业素养自我感知调查内容和题项汇总表

一级维度	二级维度	题号	主要内容
基本信息		1—7	性别、任教学段、任教地域、任教学科、教龄、学历、是否师范经历
教师知识	学科知识	8—10	教科书内外学科知识的掌握要求
	教育知识	11—13	教育教学方法知识、学生学习特征知识和课标对教学要求知识的掌握要求
	通识知识	14—16	科技文化、社会发展和天文地理知识的掌握
教师能力	课堂教学能力	17—19	对教学语言表达、学生学习解读和设计教学能力的要求
	教学反思能力	20—22	对教学实践后反思、教学观摩后反思和学生反馈问题处理后反思能力的要求
	沟通合作能力	23—25	对与同事、学生和家长沟通合作能力的要求
	教育研究能力	26—28	对教的研究、学的研究和自身发展研究能力的要求
教师信念	教育教学信念	29—31	对教师角色、学生角色和教学目的的看法
	学科知识信念	32—34	对学科知识价值、学科知识研究意义的看法
教师品格	教育情怀	35—37	对教师身份、民办教师身份和自己所在民办学校教师身份的认同情况
	公民品德	38—40	对民办教师言行表率、价值观和责任心的认同情况
	人格品质	41—43	对民办教师上进心、耐心和自我约束要求的认同情况

2. 问卷的科学性检验

对调查问卷各维度和问卷总体进行内部一致性分析,发现 Cronbach's Alpha 系数均在 0.8 以上,达到了较好的标准,其中问卷总体的 Cronbach's Alpha 系数为 0.949,达到了非常好的标准。这表明问卷具有较强的一致性,具体数值如表 2-3 所示。

表 2-3 民办中小学教师专业素养自我感知调查问卷内部一致性信度表

专业素养维度	项数	Cronbach's Alpha
教师知识	9	0.931
教师能力	12	0.941

续表

专业素养维度	项数	Cronbach's Alpha
教师信念	6	0.802
教师品格	9	0.836
专业素养总体	**36**	**0.949**

调查表已根据研究文献的要求，进行了内容效度检验，为了进一步分析调查表的建构效度，采用因素分析进行检验。具体分析结果如表2-4所示。

表2-4 民办中小学教师专业素养自我感知调查因素分析结果汇总表

专业素养维度	项数	KMO	因素负荷量区间
教师知识	9	0.921	[0.586, 0.882]
教师能力	12	0.910	[0.613, 0.851]
教师信念	6	0.656	[0.393, 0.760]
教师品格	9	0.839	[0.478, 0.850]
专业素养总体	**36**	**0.912**	**[0.225, 0.861]**

从表2-4可看出，专业素养总体和各分维度的取样适切性量数值（KMO）总体较好，教师信念维度略低，但属于可接受范围。在因素负荷量方面，大多数题项的数值都高于0.45，只有极个别题项的数值略低，但尚可接受。因此，问卷具有较强的科学性，能反映民办中小学教师对教师专业的认识和心理感知情况。

2.2.2 民办中小学教师专业素养问卷调查结果分析

由于疫情缘故，本次问卷调查全部采用线上形式，调查对象全部为民办中小学教师，调查结果采用SPSS进行分析，除了分析问卷调查的总体结果，还通过对不同群体教师专业素养感知进行比较，以更好地厘清民办中小学教师专业素养的主要特征。

1. 问卷调查总体结果

调查获得有效样本136份,其中教师专业素养总体的得分均值为3.604,标准差为0.567,各维度的得分均值也都超过3分,具体如表2-5所示。

表2-5 民办中小学教师专业素养自我感知调查结果均值表

一级维度	二级维度	均值	一级维度	二级维度	均值
教师知识	学科知识	3.829	教师能力	课堂教学能力	3.870
	教育知识	3.701		教学反思能力	3.774
	通识知识	3.772		沟通合作能力	3.931
	总体	**3.767**		教育研究能力	3.611
教师品格	教育情怀	3.387		**总体**	**3.796**
	公民品德	3.649	教师信念	教育教学信念	3.142
	人格品质	3.961		学科知识信念	3.230
	总体	**3.666**		**总体**	**3.186**

从表2-5可看出,民办中小学教师认为民办中小学在教师能力、教师知识和教师品格方面的要求要显著高于公办学校教师,比较值分别为3.796、3.767和3.666,但是在教师信念方面差异不大。在教师能力方面,民办中小学教师认为相比公办学校教师,他们在沟通能力方面的要求更高,均值达到了3.931。在该二级维度的三个题项中,民办中小学教师认为与学生家长沟通交流能力的要求最高,均值为4.09,达到了较高(高于4分)的程度;与学生沟通交流能力要求的均值为3.97,接近了较高程度,在所有题项中位居第5。此外,民办中小学教师认为相比较公办学校教师,他们的课堂教学能力要求也稍高,均值达到了3.870。尤其是在解读学生课堂情绪的能力方面,均值达到了3.99。在教师知识方面,民办中小学教师认为在学科知识方面的要求要高于公办学校教师,均值达到了3.829。但从题项和教师信念维度分析,他们所认为的学科知识更多是与考试有关的知识,认为学科知识主要是为了提高学生学业成绩,课堂教学中要比公办学校讲授更多知识和答题技巧。

正是持这种教育教学信念和学科知识信念,使得调查结果中民办中小学教师信念要求的自我感知，在各题中存在较大差异。在教育教学信念中，认为对课堂教学的作用要高于公办学校，但是对于教师在课堂中的作用要低于公办学校；在学科知识信念中，认为对学科知识进行深入了解比起公办学校更有必要，但是在学科知识的研究目的方面，认为相比公办学校应该更功利。调查结果显示，虽然在教师品格维度民办中小学教师的自我感知，认为相比公办学校教师要求略高，但是人格品质的得分均值是所有二级维度中最高的，达到了3.961，该维度中的耐心和上进心这两个题项的均值分别为4.07和3.95，超过或十分接近较高的程度。教育情怀维度的得分均值不高，除了对教师身份认同度还算可以，对于民办学校教师身份和当前所在学校教师身份的认同程度都不是很高。

由此可看出，民办中小学教师认为相较于公办学校教师，他们各种专业的要求会稍高一些，尤其是在知识和能力方面。但是，无论是知识、能力，还是品格方面，都受到较为功利的教师信念影响，教师知识方面偏重考试有关的学科知识，教师能力方面偏重课堂教学能力，以及与学生和家长的沟通交流能力，教师品格方面偏重有耐心和责任心。在教育情怀方面，他们对于教师职业有较高认同，但是对于民办教师的身份还表现得不太自信，或许是缺乏安全感，他们对上进心的要求也稍高一些。

2. 问卷调查结果群体比较

分别从性别（男性和女性）、学段（小学、初中和高中）、地域（上海地区和非上海地区）、任教学科（语文、数学和其他学科）和教龄（5年以内，5—10年和10年以上）等五个方面，将调查对象分为若干群体，对不同群体民办中小学教师的专业素养自我感知调查情况进行比较，以更好地厘清民办中小学教师对专业素养认同情况的基本特征。

(1) 性别比较

比较结果表明，虽然男性和女性民办中小学教师的调查均值存在区别，但是独立样本T检验表明，他们在各级维度和每一题项都不存在统计学上的显著性差异。而且，在专业素养总体和一级维度的均值还十分接近。具体如表2-6所示。

表2-6 民办中小学教师专业素养自我感知调查结果性别差异检验结果表

素养维度	性别	均值	标准差	T值	Sig值
教师知识	男	3.7674	0.91279	0.001	1.000
	女	3.7673	0.70564		
教师能力	男	3.7894	0.92953	-0.051	0.960
	女	3.7985	0.66741		
教师信念	男	3.1716	0.66682	-0.177	0.859
	女	3.1903	0.46194		
教师品格	男	3.6532	0.74993	-0.120	0.905
	女	3.6699	0.65874		
素养总体	男	3.5955	0.69325	-0.081	0.936
	女	3.6064	0.52822		

从表2-6可看出,民办中小学男性教师和女性教师对专业素养的整体认识高度一致,尤其是在教师知识方面,差异显著性的概率值(即Sig值)达到了1.0,这表明,可以100%认为男性和女性民办中小学教师对教师知识的认同差异不显著。在一级维度中,男性和女性民办中小学教师差异显著性概率值最低的是在教师信念维度中,但是Sig值也达到了0.859,远高于0.05的临界值,可在85.9%程度上认为二者差异不显著。在二级维度中,男女性别民办中小学教师对于通识知识的认同差异显著性概率值最高,达到了0.955(T值为-0.057);对于教育情怀的认同差异显著性概率值最低,也有0.306(T值为-1.028)。对教育情怀维度的三个题型做进一步分析,发现男性民办中小学教师对教师身份的认同度略高于女性教师,但是在对民办教师身份的认同和对目前工作所在民办学校教师身份的认同方面都略低于女性教师。尤其是对现任教所在学校教师身份的认同方面,差异显著性概率值为0.207(T值为-1.282),虽然未达到低于0.05显著性检验值的标准,但也表明了男性民办中小学教师对目前任教学校教师身份相较于女性教师会略不自信一些。

(2) 地域比较

将被调查对象目前任教所在地分为上海和非上海两个部分,对调查结果进行独立样本T检验,发现在教师专业素养总体、全部一级维度和绝大部分二级维度方面,上海民办中小学教师的得分值都高于非上海地区。具体结果如表 2-7 所示。

表 2-7 民办中小学教师专业素养自我感知调查结果地域差异检验结果表

素养维度	地域	均值	标准差	T 值	Sig 值
教师知识	上海	4.0495	0.67085	4.167**	0.000
	非上海	3.5379	0.74408		
教师能力	上海	3.9962	0.70322	2.954*	0.004
	非上海	3.6339	0.71811		
教师信念	上海	3.2348	0.36296	1.049	0.296
	非上海	3.1464	0.60820		
教师品格	上海	3.7418	0.66606	1.176	0.242
	非上海	3.6045	0.68533		
素养总体	上海	3.7554	0.48893	2.884*	0.005
	非上海	3.4807	0.59906		

注：* 表示 $p<0.05$，** 表示 $p<0.001$，下同

从表 2-7 可看出，上海地区民办中小学教师认为专业要求相比公办学校教师要高的程度与其他地区有显著性差异，尤其是在教师知识和教师能力维度。在教师信念和教师品格这两个维度，虽然上海地区民办中小学教师的得分均值稍高，但与其他地区没有统计学上的显著性差异。在教师专业的 12 个二级维度中，除了在教育教学信念低于其他地区，在其余 11 个维度，上海民办中小学教师的均值都相对较高。这些都表明，相比较其他地区，上海地区民办中小学教师对教师知识和教师能力更加重视，且达到显著性水平。在教育理念方面，上海地区民办中小学教师的功利性相对弱一些，更注重学生的发展，对于教师身份、民办学校教师身份和目前所任教民办学校教师身份的认同程度也相对高一些。

(3) 学段比较

为了解不同学段民办中小学教师对专业的感知情况，将被调查对象的任教学段分为小学、初中和高中三个部分，在 SPSS 中进行单因素方差分析，并采用 LSD 方式进行两两比较，发现不同学段民办中小学教师对专业的感知存在较为明显的差异。小学段

教师在专业总体、全部4个专业一级维度和11个专业二级维度的得分均值都是最高的，且在专业总体、大部分专业一级维度和二级维度与其他学段教师都存在显著性差异；高中学段教师在专业总体、全部4个专业一级维度和全部12个专业二级维度的得分都是最低的，且在专业总体、大部分专业一级维度和二级维度与其他学段教师都存在显著性差异。具体如表2-8所示。

表2-8 民办中小学教师专业素养自我感知调查结果学段差异检验结果表

素养维度	小学—初中		小学—高中		初中—高中	
	均值差	Sig值	均值差	Sig值	均值差	Sig值
教师知识	0.15751	0.277	0.85721**	0.000	0.69970**	0.000
教师能力	0.10190	0.481	0.69641**	0.000	0.59451*	0.002
教师信念	0.32758*	0.001	0.47364**	0.000	0.14606	0.265
教师品格	0.33181*	0.013	0.68633**	0.000	0.35452*	0.041
素养总体	**0.23046***	**0.033**	**0.67905***	**0.000**	**0.44859***	**0.002**

从表2-8可看出民办小学和民办初中的教师在教师知识和教师能力的感知上较为一致，他们在教师知识和教师能力的一级维度和二级维度均不存在显著性差异，都认为相比公办学校，他们的工作环境对知识和能力的要求都要高一些。但是在教师信念方面，民办小学教师与民办中学教师存在显著性差异，民办中学教师的教育观更加功利，这或许与中学阶段的学业压力较大有关。在教师品格方面，民办小学、初中和高中教师都存在显著性差异。在教师身份的认同方面，小学和初中学段教师并无显著性差异，但是他们都显著高于高中教师；在对民办教师身份的认同和对目前任教民办学校教师身份方面，三个学段教师都存在显著性差异。这或许与民办学校的社会认可度有关，目前社会声誉较好的民办小学和民办初中较多，尤其是民办小学在很多地区已经成了家长们的首选，但是社会声誉较好的民办高中还不多，这必然导致了所在学校教师对职业和身份的认同度低。

（4）任教学科比较

为了解不同任教学科民办中小学教师对专业的感知是否存在差异，本研究将调查对象分为语文、数学和其他三类，在SPSS中进行单因素方差分析，并采用LSD方式进行两两比较,发现任教不同学科民办中小学教师对专业总体和专业一级维度的感知都不存在统计学上的显著性差异。具体如表2-9所示。

表2-9　民办中小学教师专业素养自我感知调查结果学科差异检验结果表

素养维度	语文—数学		语文—其他		数学—其他	
	均值差	Sig值	均值差	Sig值	均值差	Sig值
教师知识	0.20192	0.271	0.10494	0.530	−0.09698	0.523
教师能力	0.12233	0.492	0.05967	0.713	−0.06267	0.671
教师信念	−0.02317	0.853	−0.01418	0.901	0.00898	0.931
教师品格	0.24942	0.129	0.05606	0.707	−0.19336	0.155
素养总体	0.13825	0.316	0.05242	0.676	−0.08583	0.453

从表2-9可知,虽然不同任教学科教师对专业总体和专业一级维度的感知程度存在差异,但是这种差异在统计学上不存在显著性,而且在全部二级维度中也不存在显著性差异。这表明,民办中小学教师对专业素养的感知程度与他们所任教的学科无关。

(5) 教龄比较

为了解不同教龄民办中小学教师对专业素养的感知情况,将调查对象分为教龄5年以内、5年以上10年以内和10年以上三个部分,在SPSS中进行单因素方差分析,并采用LSD方式进行两两比较。发现不同教龄民办中小学教师在专业素养总体上不存在统计学上的显著性差异,但是在一级维度和二级维度中都存在显著性差异。具体如表2-10所示。

表2-10　民办中小学教师专业素养自我感知调查结果教龄差异检验结果表

素养维度	5年以内		5年以上—10年以内		10年以上	
	均值差	Sig值	均值差	Sig值	均值差	Sig值
教师知识	0.04306	0.810	−0.33745*	0.035	−0.38052	0.071
教师能力	0.07029	0.686	−0.28940	0.063	−0.35970	0.080
教师信念	0.14608	0.238	0.01881	0.864	−0.12727	0.379
教师品格	0.06169	0.701	−0.31252*	0.030	−0.37421*	0.048
素养总体	0.07947	0.555	−0.23083	0.055	−0.31030	0.051

从表 2-10 可看出,在教师专业总体以及教师知识、教师能力和教师品格这三个专业素养一级维度中,都是 10 年以上教龄民办中小学教师的得分均值最高,5—10 年教龄教师的得分均值最低,且在教师知识和教师品格这两个维度还存在显著性差异。而在教师信念维度,是 5 年以内教龄的民办中小学教师得分均值最高,5—10 年教龄教师得分均值最低,但都不存在显著性差异。在专业二级维度中,10 年以上教龄教师在教育知识、公民品德和人格品质这三个维度的得分显著高于其他两个教龄群体的教师。这表明,教龄较短民办中小学教师教育理念相对侧重发展而非功利性的学业成绩,随着教龄增长对民办学校教师的职业发展存在一定的迷茫,认为对民办学校的教育教学工作应付即可,但是再经历一定时间的历练后,对民办中小学的教育教学有了更加稳定的认识,认为要做好教育教学工作对教师的知识、能力和个人品质方面的要求会比公办学校教师更高一些,只不过此时的教育教学目标相对功利,几乎一切的教育教学行为都是以能提高学生考试成绩为目的。

2.2.3 民办中小学教师专业素养访谈调查工具与结果分析

问卷调查的格式较为固定,虽然可以获取较多数据,也方便调查结果的分析,但是存在弹性较差、不够灵活的缺点,对于出现结果的原因缺乏深入了解。为此,本研究将采用访谈调查弥补这种不足。访谈调查是教育研究中常见的方法之一,是通过访谈者和被访谈者互动的过程,交流收集被访谈者有关心理特征和行为数据资料的一种研究方法(董奇,2004)。虽然访谈调查会由于研究者的精力有限,难以获得较大样本,但是它可以通过交互的方式,收集客观事实、主观动机、情感、观念等各种类型的信息,是问卷调查的有益补充。

1. 访谈调查工具

(1) 访谈调查的主要类型

按照交流的形式可以分为实时交流访谈和延时交流访谈。其中,实时交流访谈包括面对面的现场直接交流、非现场的网络和电话交流(例如微信、QQ 和网络电话等)等;延时交流访谈包括电子邮件和书信等访谈方式。由于实时交流访谈的效率较高,相互能看清对方面部表情的访谈更具针对性,因此随着信息技术的普及,目前采用面对面现场访谈和在线视频访谈的形式较多。

按照访谈过程的控制程度,可以将访谈分为结构式访谈和半结构式访谈。结构式访谈也称为标准化访谈,对访谈过程有着严格的控制,包括访谈的内容、提问的方式和次序等。有时甚至对访谈的时间、地点和周围环境等外部条件也有较为严格的规定。结构式访谈的最大优势是便于统计分析,能较好地用于不同被试访谈结果的比较。而且,结构式访谈的回收率较高,可以避免问卷和试题测评中他人代填、多人商议等影响信度的现象,也可以降低问卷和试题测评中阅读障碍造成的误差。但是,结构式访谈缺乏弹性,对每个被访者实施同样的刺激,难以获得深层次的信息,也不利于调动访谈者和被访谈者的积极性和主动性。为此,一种有明确访谈目的,但访谈过程半控制,可以根据被访谈者的回答内容、情绪和周边环境调整提问内容的访谈方式孕育而生,称之为半结构式访谈或无结构式访谈。

半结构访谈具有较强的灵活性,一般会设定若干主干问题,但在访谈过程中会根据具体情况调整提问的顺序和内容,可以通过追问等形式获得更全面和深入的信息,而且访谈的外部环境也不必做严格限制。因此,半结构访谈在教育研究中的使用较为广泛。但是,半结构访谈对访谈者的要求较高,提问的内容、语气、时机都十分关键,访谈者要能准确阅读被访谈者的情绪,做出及时而恰当的调整。

此外,按照访谈的人数差别,可以分为单一访谈和集体访谈,单一访谈中被访谈者的顾忌较少,易于深入,但是收集数据的效率稍低;集体访谈对访谈问题的设置要求更高,如果有较好的引导和恰当的提问,有时候对被访谈者会有相互促进作用。一般情况下,对于教师专业素养的测评,具有一定的隐私性,采用单一访谈的形式较多。

(2)访谈主要问题的设定与目的

根据不同访谈的特点,结合研究目的和研究者的实际情况,本研究采用实时交流形式,现场和网络相结合的半结构单一访谈。在访谈过程中,主要聚焦三个问题,分别为:

- 从教师的角度,你觉得民办中小学和公办学校最大的区别是什么?
- 相比公办学校,民办中小学教师有哪些优势和不足?
- 你觉得学校收入、学校名气、学校地理位置等10个因素中对民办中小学教师的吸引力分别有多大？如果5分表示吸引力最大，1分表示吸引力最小，你分别会给它们打几分？

这三个问题主要希望了解民办中小学教师对民办学校的情感认同程度，在民办学校工作有哪些具体的感受和体会，以及在民办学校工作对教师专业的要求会有哪些特殊性。由于是半结构访谈，这些问题的顺序，具体的表述方式都会不一样，但是主题内容是一致的，有时候也会根据被访谈者的回答进行追问。例如，对于前两个问题会希望他们举例说明，对于第三个问题会要求他们对每一个因素打分的同时，也能简单做下说明。

2. 访谈调查结果分析

本次访谈了22位民办中小学教师，每一位教师的访谈时间在10分钟至30分钟不等，在较多问题上他们有比较共同的看法，但是由于学校名气或定位有差异，在一些看法上也存在较大差异。

（1）从教师视角感受民办学校与公办学校的区别

在民办学校教师与公办学校教师的区别方面，被访谈教师提到频率最高的三个词分别是稳定性、管理机制和待遇，他们对此认识也具有较高的一致性。民办学校教师认为他们与公办学校最大的区别是工作的稳定性，这个特性导致了他们的工作压力相对较大，并由此带来了两个方面的影响。一是十分关注自己的教学效果，主要是学生的考试成绩；二是必须严格遵守学校的规章制度，不像公办学校教师可以偶尔"任性"一下。这些体现在希望能更多得到学校领导的认可，这里的领导更多是指董事长，而非董事长所聘请的校长。例如，有被访谈者表示"校长和我一样也是打工的，没么大权力，我工作至今都'送走'了五位校长；学校的决策权在董事会，所以只要董事长认可你的工作，觉得你还比较听话、能干才是最重要的"。也正是由于学校性质的差异，导致了民办学校和公办学校的管理机制存在较大区别。被访谈者大多认为，民办学校的管理相对灵活，但是其目的主要为学生的学习成绩服务，偏重应试教学和"题海式"训练，偏重教师的"服务性"工作，教师不仅工作量会相对较大，发展（主要指各类培训）和展示（主要指参加各类比赛）的平台也相对较少；而公办学校的管理虽然相对固定，但是也比较注重教师的发展，例如会比较鼓励教师参加各类比赛，鼓励教师进行教科研活动,重视教师的职称提升工作。有被访谈者表示"民办学校更看重教师的教学能力,只要你能把学生管理好,成绩提上去,他们是最高兴的;学校并不是很希望你能评上职称或者去参加各类比赛,甚至有时候这类通知都不会及时发送出来,你要去问了才肯告诉你有这个事情。因为如果你比赛获奖了,职称上去了,就会多了一份离职的概率,即使不离职学校也要给你更好的待遇才能留住你"。除此之外,他们认为民办学校和公办学校的待遇方面存在较大区别。首先是工资制度不一样,民办学校教师的工资和教学效果(即学生成绩)、工作量密切挂钩,而公办学校大多和职称、教龄挂钩。这也导致了民办学校教师的工资会有较大的不稳定性,而且不同民办学校的工资待遇会有较大区别。其次是民办学校教师的"五险一金"等费用方面会比公办学校少,尤其是在医保、公积金和退休金方面。但是,由于多数民办学校目前拿到手的工资要比公办学校高,因此他们目前对这部分费用偏少还能接受,至少短期内还未能感受到有很大的影响。例如有被访谈者表示"我生小孩的报销比在公办学校工作的同学少多了,以后退休也没有她工资高,但是目前收入我比她高一些,暂时的房贷和生活压力会比她小一些,所以也还能接受"。

除了这些与公办学校教师的区别有较大共识之外,还有一些区别在被访谈中存在较大的分歧,高频词主要是生源和教育理念。大多数被访谈者都认为民办学校和公办学校的生源存在很大不同,但是有的教师认为比公办学校好,而有的却认为不如公办学校。大多数来自小学有名气民办学校的教师都认为生源比公办学校好,而认为生源不如公办学校被访谈者多来自中学,尤其是高中。这和民办学校在社会中的影响是相符合的,一些民办小学成了当地的明星学校,是家长的首选,生源自然会比划区入学的公办学校好。有被访谈者表示"我们学校的生源每年都很好,很多家长托关系都进不来,我不调动到公办学校的主要原因是自己子女能上本校,所以我们学校的生源会比大多数公办学校好"。而部分民办中学还缺乏"出彩的业绩",生源大多是公办学校的落榜生,所以被访谈对象认为生源不如公办学校。学校的声誉和生源也导致了民办学校的教育理念有较大区别。绝大多数民办中学教师认为相比公办学校,他们的教育教学更加功利,以成绩为唯一标准。而部分民办小学教师在访谈中表示,相比公办学校,民办学校的教学形式更加灵活、更加多样化,更注重素质教育。例如,有被访谈者表示"相比较公办学校,我们的教学形式更多样,我们可以小班化教学,可以分层教学,有外教,有国际化课程,也有艺术和体育类课程,学生每年参加国内外比赛较多,登台展示自己的机会也较多,会比公办更注重学生的全面发展"。也有的被访谈者持不同意见,认为"对于民办学校来说,学生的考试成绩是硬道理,成绩考不好其他什么都没用,对将来招生也会有很大影响,所以我们相比公办学校更注重应试教育,学生大多学的会比公办学校学的'苦'一些"。但是,无论生源和教育理念如何,他们都认为对教师专业的要求会比公办学校更高。生源好的学校,希望教师能多才多艺,不但能较好提升学生的学业成绩,也能更好促进学生全面发展;生源不好的学校,需要教师管理好学生,能帮助他们养成良好的学习习惯,更好地促进学生的学业发展。此外,也有不少被访谈者表示,民办学校的教师之间的沟通交流和合作相比较公办学校会少一些,主要原因在于民办学校教师的流动性较大,相较而言同事之间的竞争性也较大,这些都导致了民办学校教师会相对自我封闭一些。

(2) 作为民办学校教师的优势和不足

在民办学校教师的优势方面,绝大多数被访谈者都认为是收入。有被访谈者表示"收入还比较高,这是我目前在民办学校工作的唯一动力来源,很多同事都是这么认为的。我去年带毕业班,成绩还不错,光奖金就能比上公办学校教师工资了,我认为这也是目前民办学校教师的最大优势"。有部分被访谈对象,认为民办学校教师的优势是时刻提醒自己要努力,内驱力较强,持这种观点的大多是年轻教师。也有部分被访谈者认为民办学校教师的优势是填表格、应付各类检查和参加各类学习等事情较少,只要把教学做好了就可以,事情较为单一,做起来也相对省心。有被访谈者表示"相比较公办学校,我觉得民办学校教师的杂事会少一些,在民办学校,只要你的教学能力强,能把课较好,学生成绩比较好,你的工作就很简单,不用太操心其他事情"。

对于不足部分,被访谈对象认为民办学校教师相比较公办学校教师在工作量和工作压力方面会更大,专业提升渠道少一些,职业的发展空间也相对狭窄。无论是提高学生的学业成绩,还是发展学生的综合素质,民办学校对教师工作的质和量方面要求都比较高,需要教师投入较多的时间。有小学被访谈者表示"为了节约成本,民办学校一般不会聘用太多老师,导致我们的课都很多,我们学校的主课老师基本上每周要上18—20节,技艺老师每周要上28—32节,加上改作业和备课,我们几乎没有精力再做其他事情"。工作量大必然会导致压力大,加上部分民办学校的管理制度不完善,甚至会出现无章可循的现象,这些都导致民办学校教师普遍认为压力会比公办学校教师大。在教师专业发展方面,以本校内部或集团内部的教研活动为主,官方的渠道较少。这也导致了不同学校的教师专业发展平台存在较大差异。例如有民办学校要求全体教师每周至少开展一次学科研讨和全校性的教师研讨,并要求写每周工作反馈和下周的工作计划表,青年教师还被要求每天要阅读半小时。而有的被访谈者表示,他们学校的教研活动不仅次数少,而且形式大于实质。在职业发展方面,民办学校教师认为相比较公办学校,他们的上升空间十分有限。公办学校教师可以走专业方向(例如高级教师、特级教师、各级的骨干教师和名师等)和行政方向(例如校中层、校领导或更高级别行政领导),但是民办学校教师就比较有限。由于民办学校的中层干部甚至校领导缺乏外部的认可度,而且稳定性较低,因此对民办学校教师的吸引力不高;专业发展方面,与公办学校相比,民办学校教师在平台和学校支持度方面也存在劣势,提升有较大难度。有被访谈者表示"我们都没有评职称的氛围,一方面是学校不鼓励,另一方面大家觉得荣誉和教科研成果都不突出,去评的话也很难竞争过公办学校教师,还是做好教学工作赚点钱,走一步算一步"。也有被访谈者表示:"我在公办学校也待过两年,以前每周都有教研活动,周末要参加各种活动、培训(比如班主任培训,教学设计培训等),还需要定期完成教学笔记、教育随笔;但是民办学校只需要完成教学任务就好,而且公办有更多的平台和资源,很多教学活动(比如教师基本功技能大赛)都不带民办教师玩儿"。民办学校的这些不足,直接影响了教师对民办学校教师身份的认同感和职业发展动力,也是导致教师流动性大的主要原因。

从访谈中可看出,民办学校教师对职业的未来不是特别乐观,其主要原因在于他们以公办学校教师作为参照对象,认为稳定性和发展空间都存在不足。倘若抛开这个参照对象,将其与企业员工相比较,他们的安全感又会好很多。在访谈中,研究者追问"如果将你们与企业职工相比较,你对目前的工作满意度会提高一些吗",几乎都得到了肯定的回答。因为不稳定性和发展空间存在一定限制的现象在企业也普遍存在,大家都需要凭自己能力才能立足,虽然相比企业员工他们的收入可能会略低一些(事实上与某些企业相比不一定会低),但是教师还有寒暑假,所以他们总体上还是满意的。这表明了,对工作的优势和不足的感受都是相对而言的。

(3) 影响教师选择民办学校的因素

在访谈中,研究者选取了可能影响教师选择民办学校的10个因素,让被访谈对象根据这些因素影响程度大小进行打分,5分表示影响程度最大,1分表示影响程度最小,得到结果如表2-11所示。

表2-11 影响民办中小学教师选择民办学校因素的调查结果表

序号	因素	得分均值	序号	因素	得分均值
1	学校的收入	4.545	6	学生的素质	3.955
2	教师的职业发展机制	4.409	7	学校的文化氛围	3.909
3	教师的专业提升活动	4.364	8	学校的工作量	3.864
4	学校的名气	4.091	9	家长的素质	3.636
5	学校的管理体制	4.091	10	学校的地理位置	3.409

从表2-11可看出,收入、职业发展机制和专业提升活动是影响程度最高的三个因素,其中收入与教师的物质发展相关,职业发展机制与教师的事业发展相关,专业提升与教师的专业素养发展相关。因此,是否能促进自身的发展是影响教师选择民办学校工作最为关键的因素。相对而言,学校工作量的大小、家长素质高低和学校地理位置优劣对教师是否选择民办学校工作的影响程度小一些。学校名气、管理体制、学生素质和学校文化氛围分列4至7位。这些都表明了,收入和未来职业发展对他们的职业情感会有重要影响,教师对自身专业发展也十分关注,而工作环境对其职业喜爱程度的影响程度会相对低一些。

2.3 民办中小学教师专业素养的主要构成

通过对民办中小学教师的问卷调查和访谈调查发现,民办中小学教师认为在教师能力、教师知识和教师品格方面,要求显著高于公办学校教师,但是这些知识、能力和品格更多体现在如何提高学生学业成绩方面,持较为功利的教师信念。在教育情怀方面，他们对于教师职业有较高认同，但是对于民办教师的身份还表现得不太自信。民办中小学教师对专业的自我感知不存在性别和任教学科差异，但是在地域、学段和教龄方面都存在一定的显著性差异。上海地区民办中小学教师对教师知识和教师能力更加重视，且达到显著性水平。在教育理念方面，上海地区民办中小学教师的功利性相对弱一些，更注重学生的发展，对于教师身份、民办学校教师身份和目前所任教民办学校教师身份的认同程度也相对高一些。

民办小学和民办初中的教师在教师知识和教师能力的感知上较为一致，他们在教师知识和教师能力的一级维度和二级维度均不存在显著性差异，但在教师信念方面，民办小学教师与民办中学教师存在显著性差异，民办中学教师的教育观更加功利。在教师品格方面，民办小学、初中和高中教师都存在显著性差异。例如，在对民办教师身份的认同和对目前任教民办学校教师身份方面，三个学段的教师都存在显著性差异，这种差异与不同学段民办学校的社会认可度有着直接的联系。在教育观方面，不同教龄民办中小学教师也存在较大差异。教龄较短民办中小学教师的教育理念相对侧重学生的全面发展，而非功利性的学业成绩。随着教龄的增长，民办中小学教师的职业发展会陷入一段迷茫期和倦怠期，认为民办学校的教育教学工作应付即可，应主要对出资方负责。但是在经历一定时间的历练后，他们对民办中小学的教育教学有了更加稳定的认识，只不过此时的教育教学目标相对功利，认为教师的专业素养应该以能提高学生考试成绩为目的。

由此可见，以公办教师为绝大多数样本群体基础的教师专业结构较好地涵盖了民办中小学教师的专业内涵，但是双方的侧重点有所不同。民办中小学教师的工作更加注重课堂教学所需要的知识和能力，由于职业的稳定性相对不足以及职业发展渠道相对狭窄，民办中小学教师相比公办学校教师更加需要从事职业的动力支撑，这种支撑力量主要来源于民办中小学教师能否对职业有深刻的认识和清晰的定位。因此，可将民办中小学教师的专业素养结构归纳为教师知识、教师能力和教师情意三个部分。其中，教师知识和教师能力维度与已有研究文献的教师专业结构的一级维度一致，但由于工作的侧重点略有不同，在专业内涵上也会有所差异；已有专业结构中的教师信念，由于民办学校的特殊性，教师的学科信念和教育信念都需要服从学校的发展战略，他们的教师信念相对单一，因此不再单独设立，部分内涵可在课堂教学所需要的知识和能力中体现;由于民办中小学教师对于民办学校教师的职业认识和认同程度对其专业活动会有较大的影响,因此已有研究文献的教师品格维度内涵已不能准确刻画,可将其修改为教师情意,主要包括民办中小学教师的对职业的认识和情感,以及应该具备哪些人格品质等内容。

为了更好地与教师的其他素养相区分,也为了更加聚焦教师的专业活动,本研究将民办中小学教师专业素养的三个维度统称为教师专业知识、教师专业能力和教师专业情意。

2.3.1 民办中小学教师专业的知识维度

相较于公办学校,民办中小学校对学生的学习成绩更加重视,教师各专业的重要程度与该项工作的关联程度正相关。教师知识就是民办中小学教师最为重要的专业素养之一,尤其是教师在"有效"课堂教学和课后解答中所需要的知识。民办中小学教师需要具备教学实践性较强的知识,能有效联结教师在教学实践中的知与行。但是,实践性知识并不是一种与学科知识、教育知识或课程知识并列的知识种类,它的综合性较强,但也不能将其等同于教师经验或者是包罗万象的收纳箱(王笃勤,2017)。从特征来看,可将实践性知识视为一种知识形态,它与理论性知识相对应,却非二元对立,而是相互依存、相互渗透的(夏正江,2020)。理论性知识体现了教师知识的抽象性、逻辑性与科学性,实践性知识则展现了教师知识的情境性、多元性和有效性,它们相互影响,共同构成了教师教学所需要的知识体系。

为了更好地对教师知识进行发展和研究,有必要对其基本构成进行梳理,很多学者也对此进行了探索,提出了各种不同的教师知识结构。从课堂教学和课后解答的实践活动来看,教师首先需要了解所教学科的本体性知识,它包括点状和网状两个层次。所谓点状学科本体性知识是指教师对所要教学的某个知识点有正确的认识,例如小学数学教师在教学分数时,自身首先要掌握分数的定义、表示法和四则运算方法等知识。所谓网状学科本体性知识是指教师对所要教学知识点与其他知识点之间的联系要有正确的认识,例如小学数学教师要更好地理解分数知识,需要对分数知识内部各个知识点的联系、分数与其他数学知识点的联系、分数知识的历史演化进程等知识都有较好的掌握。学科本体性知识,可以让教师更好地理解学科知识,能在教学中有效减少知识性错误,能从多角度进行表征和诠释,是教师实施教学的知识前提。

除了具备所教学科的本体性知识以外,教师还需要具备如何将学科知识传递给学生,更好地帮助学生构建自身知识体系的教学条件性知识,它包括规定型和规律型两个方面。规定型教学条件性知识是指课程标准、教科书和考试大纲等教育指导性文本对教学内容、教学次序、知识深度和广度要求的知识。例如,小学数学教师在教授分数时,需要对该知识点在课程标准中的要求,教科书中的呈现形式和考试难度有较好的认识。规律型教学条件性知识是指有关学生的年龄特征、学科学习认知规律和学科教学基本方法的知识。例如,小学数学教师在分数教学时需要了解该年龄段儿童认知思维基本特征,分数学习的难点和分数教学的常用方法等。教学条件性知识,可以让教师更好地理解学科知识与教学元素的关联,更丰富地设计教学路径,是教师有效教学的知识保障。

这表明,根据教师在教学实践中对知识的需求的先后次序,可以将教师的教学知识分为学科本体性知识和教学条件性知识两个部分,前者是教师能否实施教学行为的知识前提,后者是教师能否有效实施教学行为的知识保障。它们并非完全独立,而是有着密切的联系。教师对学科知识的掌握程度会在很大程度上影响教师的教学设计和实施,尤其是教师对学科知识关联程度的理解,与教师对学科知识教学有关规定紧密相关,它们是实施具体教学行为的教育横向支撑和学科纵向支撑。因此,根据教师教学实践中所需知识的基本特征,结合民办中小学教师教学的基本特点,可以将民办中小学教师专业的知识维度再分为基础性学科知识、关联性学科知识和学科教育性知识三个部分。

1. 基础性学科知识

基础性学科知识主要指教师对所要教学学科知识的理解、掌握和运用,是民办中小学教师开展教学实践活动最为基础的知识要求。具备该类知识的教师可以正确理解所要教学的知识点,例如能准确表达和书写;能正确阐述教学知识点的基本内涵,例如能准确解释其基本含义和基本用途;能正确运用教学知识点,例如能正确解答教科书和常规测试中的题目。

因此，基础性学科知识主要可分为教科书中的学科知识、课程标准中要求的该学段学科知识，以及解答该学段常规性题目所需要的学科知识。

2. 关联性学科知识

关联性学科知识是基础性学科知识的深化，主要指教师对本学段学科知识的内在联系和外在拓展有较为深刻的理解，在横向上能较好地掌握本学段学科知识之间的联系，在纵向上能较好地理解教学知识点的外延，纵横交错形成网状学科知识体系，是民办中小学教师开展有效教学实践活动的知识保障。具备该类知识的教师，知晓本学段教科书中的学科知识之间的联系，例如能形成各年级教科书中学科知识，年级之间教科书中学科知识的知识图谱；能较好地理解教学知识点的演化过程和本质内涵，例如能准确判断教学知识点的重点，能较好地了解已学过知识点与教学知识点之间的联系；能熟练运用教学知识点，例如能正确解答各类测试题，并对考题的本质和变形有较为深刻理解。

因此，关联性学科知识主要可分为教科书中的关联性学科知识、学科知识点的演化知识和解答该学段综合性题目所需要的学科知识。

3. 学科教育性知识

学科教育性知识主要指教师实施学科知识有效教学所需要的教育知识，是民办中小学教师设计较为合理课堂教学过程，较好达成教学重点和较为顺利突破学生学习难点的关键性知识。具备该类知识的教学，可以较好地理解该学段学生的认知特点，例如可以较为准确地判断学生的学习难点，较为全面地掌握学生的常见错误和成因；能较好地掌握课程标准中对该学段学科知识的难度要求，例如可以较为合理地设计知识点的教学内容；知晓各种类型学科知识有哪些有效的教学方法，例如可以针对不同的年级和不同类型的教学知识点设计合理的教学方式。

因此，学科教育性知识主要可分为学生认知特征知识、多样化表征和诠释学科知识的知识，以及课程标准中对该学段学科知识教学要求的知识。

综上所述，可将民办中小学教师专业知识维度的内涵和结构进行归纳，具体如表2-12所示。

表 2-12 民办中小学教师专业知识维度内涵结构表

知识结构	内涵	子维度
基础性学科知识	能正确理解所要教学的知识点,正确阐述教学知识点的基本内涵,正确运用教学知识点	● 教科书中的学科知识 ● 课程标准中的学科知识 ● 解答常规性题目所需的学科知识
关联性学科知识	知晓本学段教科书中的学科知识之间的联系,能较好地理解教学知识点的演化过程和本质内涵,能熟练运用教学知识点	● 教科书中的关联性学科知识 ● 学科知识点的演化知识 ● 解答综合性题目所需的学科知识
学科教育性知识	可以较好地理解该学段学生的认知特点,较为全面地掌握学生的常见错误和成因,能较好掌握课程标准中对该学段学科知识的难度要求,知晓各种类型学科知识有哪些有效的教学方法	● 学生认知特征的知识 ● 多样化表征和诠释的知识 ● 课标标准中教学要求的知识

2.3.2 民办中小学教师专业的能力维度

能力是一个很常见但是却很难准确定义的概念,对于能力目前在国内外还没有一个公认的、明确的、合理的界定。在国内,较多学者从心理学角度诠释能力的内涵。例如,有学者认为,能力是以人的一定生理和心理素质为基础,在认识和实践过程中形成的,发展并能表现出来的能动力量,它是体力和智力的有机结合,是物质和精神的动态统一(罗树华和李洪珍,2000)。《中国大百科全书》中也认为,能力是掌握和运用知识技能的条件并决定活动效率的一种个性心理特征(编撰委员会,1991)。对于教师能力的界定,较多学者也是从心理品质角度进行阐述。例如,有学者认为,教师能力是指教师在教育和教学活动中形成并表现出来的、直接影响教育教学活动的成效和质量,决定教学活动的实施与完成的某些能力的结合(王洪,2001)。也有学者认为,教师能力是教师在接受和参与教师教育、从事教育教学以及投身教研等活动中生成和发展的,能够适应社会发展、教师职业要求和促进自身专业发展的个性心理特征(王光明等,2018)。应该看到,能力和教师能力概念的不确定性是十分正常的现象,虽然没有唯一的表述,但是并不影响人们对其的认识和研究。教育本来就是一个很难"准确"量化的领域,研究视角的多元性可以对教育对象的个体差异性进行不同的解读,这恰恰是对个体丰富性的尊重。

教师从事职业活动需要各种类型的能力，但核心是教育能力和教学能力，对民办中小学教师来说更是如此，他们对课堂教学能力更为重视。根据课堂教学的基本特征，可将民办中小学教师的能力主要归结为教学内容该如何选取和组织方面的能力，以及如何在课堂教学中更有效实施教学行为方面的能力，即设计教学的能力和实施教学的能力，这两类能力与教师的课堂教学直接相关。除此之外，为了更好地提升教学效果，提高学生学业成就，民办中小学教师还需要不断提升自身的课堂教学实施能力，对学情和学科知识解读和研判的能力，对个性化学生实施教学的能力，以及设计题目的能力等。这些可称之为发展教学的能力，它与课堂教学间接相关。因此，民办中小学教师专业能力维度主要可分为设计教学的能力、实施教学的能力和发展教学的能力三个部分。

1. 设计教学的能力

设计教学的内涵与教学设计的广义含义基本一致，都是指教师为了实现教学效果的最优化，在教学目标的指导下，选取与组织教学内容，设计课堂教学基本流程的过程。而教学设计的狭义含义与教学方案（简称教案）基本一致，特指撰写规划课堂教学基本流程文本的过程。因此，可认为教师设计教学的能力是指教师为了实现教学效果的最优化，根据教学内容、教学对象和教学环境，结合自身所具有的教学知识和教学风格，制订教学的目标，确定教学的重点和难点，并设计课堂教学基本流程的能力。

由于民办中小学在办学目标上存在不同的定位，这也会导致民办中小学教师对于"教学效果最优化"内涵的解读也有差异。一般来说，多数的民办中学都是以提高学生的学业成就为目标，而会有一定比例的民办小学是以发展学生的综合素养为目标。无论是何种目标，民办中小学教师都要在设计教学中将其作为重要指导，然后根据具体的教学内容、学生知识基础和认知特征，确定具体的教学目标和教学的重难点。在此具体教学目标指导下，结合实施教学的硬件环境，设计教学的具体过程，并能设计出合理的作业。因此，可将民办中小学教师设计教学能力分为教学背景分析能力、教学过程设计能力和课后作业设计能力。

2. 实施教学的能力

教学设计的合理性和有效性有赖于教师的课堂教学实践，教师在课堂教学中所实施的各种教学行为与课堂教学效果密切相关，对学生的身心发展也有着直接的影响。因此，教师实施教学的能力是指教师以教学设计为指导，在课堂教学中通过各种教学行为的实施，落实教学目标的能力，是教师实施有效教学所需要的各种能力的综合体现。这其中，最为重要的能力是表达能力，包括语言表达能力和非语言表达能力。教学实践证明了，课堂教学效果的优劣，主要取决于教学语言是否有魅力和审美价值（陈妙娥，2011）。教师在课堂教学中的语言不仅要在内容上注重科学性和合理性，而且在语气、语调和音量等语言载体方面也要较为恰当和多样。

语言是教师实施课堂教学的重要媒介，除此之外教师在课堂教学的组织中对教具和信息技术的运用能力、板演能力，以及课堂过程中的应变能力对课堂教学效果也有着重要影响。民办中小学教师在课堂教学之余，一般还需要对学生进行教学辅导，包括优等生和特长生的学业专项辅导，以及对差生的知识辅导和作业解析，这些都需要教师具备相应的沟通交流能力和学业提高和解答能力。因此，可将民办中小学教师的实施教学能力分为教学表达能力、教学组织能力和教学辅导能力。

3. 发展教学的能力

教师的专业是一个持续不断发展的过程，在社会发展的不同阶段，根据教育目标、教学对象和教育环境的变化，教师专业的内涵也应做出相应的调整（黄友初和马陆一首，2020）。教师的教学能力也一样，需要根据教育内外环境的变化，不断得到提升。因此，教师应该具备较强的发展教学能力，具体指教师在教学实践过程中，能够通过学习、训练和反思等各种途径对自己教学有效性进行提高的能力。专业水平相差不大的新手教师，在经过一定年限的教育实践后，有的成为了专家型教师，有的只能成为成熟型教师，主要原因在于发展教学的能力存在较大差异。具备较强教学发展能力的教师首先要具备较强的发展意识，有一定的职业危机感，能有意识补强自己的弱项，能通过对文本的钻研、对现场或视频的观摩，以及课堂教学实践后的反思，不断提高自身的解读和研判能力、教育技术能力、教学实践能力和命题设计能力等。

对于民办中小学教师来说，具备较强的课堂教学能力是关键，这种能力的高低主要体现在教学的有效性方面。对于大部分民办中小学来说,这种有效性主要指学生的学业成就,对于一部分民办小学来说,这种有效性还体现在学生综合素养的发展。但是无论何种目标,民办中小学教师都需要具备较强的教学反思能力,能对学科知识和测试题进行有效解读和分析的能力,以及为了丰富自身的知识和课堂教学技能进行有效学习的能力。因此,可将民办中小学教师的发展教学能力分为教学反思能力、文本解读能力和有效学习能力。

综上所述,可将民办中小学教师专业能力维度的内涵和结构归纳如表 2-13 所示。

表 2-13　民办中小学教师专业能力维度内涵结构表

能力结构	内涵	子维度
设计教学的能力	教师在教学目标指导下,根据外在的教育环境(硬件的设备和学生认知基础)和教育内容,以及内在的教育知识和教学风格,设计课堂教学基本流程的能力	● 教学背景分析能力 ● 教学过程设计能力 ● 课后作业设计能力
实施教学的能力	教师以教学设计为指导,在课堂教学中通过各种教学行为的实施,落实教学目标的能力,是教师实施有效教学所需要的各种能力的综合体现	● 教学表达能力 ● 教学组织能力 ● 教学辅导能力
发展教学的能力	指教师在教学实践过程中,能够通过学习、训练和反思等各种途径对自己教学有效性进行提高的能力	● 教学反思能力 ● 文本解读能力 ● 有效学习能力

2.3.3　民办中小学教师专业的情意维度

个体对职业的情感态度会在很大程度上影响自身的职业投入和职业成效。因此,教师的专业情意是教师专业素养的重要组成部分。教师的职业情感态度与教师对职业的认识是否准确,对职业的认同程度高低,以及对履行职业行为的判断密切相关。这种专业情意是教师在入职前就初步形成,并在从事教育教学过程中逐步形成的,是其对教育教学、学科知识、学生和环境等方面的认识,所持有的基本观点和基本态度,会在很大程度上指导着教师的教学行为,推动或抑制着教师专业活动的内驱力。

在进入教师职业以前,个体通过自己的学生经历,以及社会对教师职业的评价,会对其形成初步的认识,并形成一个基本的态度。无论是被这种态度主动吸引,还是被动选择了这个职业,教师都会在职业活动中深化认识,逐步形成更为稳定的职业观。这种职业观以"中心—边缘"的方式组织,越中心的观念越难改变,而边缘观念日积月累的变化也能导致中心观念的变化,进而转变整个教师的职业观(林一钢,2008),它包含着教师对教育本质、理想、教育与人生、教育与社会的关系、教育的价值和意义等的自我解读(姬建峰,2006)。这种职业观会有意识或无意识地影响教师对教学的设计与实施,影响教师在从事职业活动中的耐心、毅力和关爱学生等教师品质,也会影响教师提高自身专业水平的主观愿望和积极性。对于民办中小学教师来说,由于外在保障机制不如公办教师稳固,如何提高他们的专业情怀是提升民办中小学教师专业化水平,提升教育教学质量的关键。根据教师专业情意和民办中小学的基本特征,可将民办中小学教师的专业情意分为职业认识、职业情怀和职业品格等三个部分。

1. 教师职业的认识

与公办教师不同,绝大多数民办中小学教师在入职以前对民办教育和民办中小学教师职业都缺乏必要的了解,他们成为民办中小学教师或多或少都存在一定的"被动"因素。而能否对职业有正确的认识,会对民办中小学教师的职业行为和专业发展产生重要的影响。民办中小学教师的职业认识是指民办中小学教师对自身职业的内容、发展前景、责任和权利等方面的了解和理解,是影响民办中小学教师职业情感和精力投入的重要因素。大多数民办中小学教师在入职后的新教师培训和后续的工作实践中,才逐步认识民办中小学教师职业的内容和基本特征。他们所关注的热点主要包括民办中小教师职业的主要内容是什么,具体需要做哪些事情?工作性质和软硬件环境如何,学校管理是出资方具有绝对话语权的"人治",还是有具体的规章制度可遵循?待遇如何?职业的发展前景如何?离开学校的老教师都是由于什么原因?新教师又都是因为什么来民办中小学工作的?这个职业和工作环境,能否作为自己长期发展的选择?等等。对这些方面能否有正确认识,是民办中小学教师是否能"留得住,做得好"的重要前提。

调查发现,如果民办中小学教师以公办中小学教师的职业标准来认识自身职业的话,由于办学机制存在一定差异,导致保障性和工作要求也存在较大差别,民办中小学教师就容易产生危机感和消极职业观。但是,如果以公司企业职工的标准来认识自身职业,民办中小学教师的满意度又有了较大幅度的提升。所以,如何认识民办中小学教师职业取决于基于怎样的视角,它也是民办中小学教师的专业情意的重要组成部分。根据"为什么从事这个职业,这个职业主要做什么,它的前途如何"等方面,可将民办中小学教师的职业认识分为对职业目的的认识、职业内容的认识和职业前景的认识等三个部分。

2. 教师职业的情怀

教师职业的主要工作是育人,这对教师的职业情怀提出了较高要求,它不仅会影响教师对待职业的热情和投入程度,也会影响学生的学业成就和品性养成。教师有什么样的教育情怀,就会上出什么样的课(吴正宪和俞正强,2014)。只有对职业充满了热情,教师才能全身心地投入教育教学工作,才有更强烈的内在动力去追求自身专业素养的提高。在《现代汉语词典》中,"情怀"的解释为"含有某种感情的心境"(中国社会科学院语言研究所词典编辑室,2002),这种心境铺构人们内心的情感基调和心理底色,会持续地影响人们接人待物和做事的态度及言行(韩延伦和刘若谷,2018)。民办中小学教师的职业情怀,是指民办中小学教师对自身职业角色所持有的情感态度,它以职业认同感为核心,以职业身份的构建为导向,是教师教育行动和教学实践的情感基础。教师的职业情怀具有个体性,不同人员的价值表述与情感归属的重点不一,但均持有较强的能动性,他们对教育现实的若干"忠实"现象不是单纯的情感共鸣,而是有所超越即带有理性策略和道德自觉的。

教师对本职业情怀的高低,会在很大程度上影响教师能否具有较高爱岗敬业的职业态度,能否树立关爱学生、细致备课、精心授课和耐心改作业的职业精神,能否积极发展自身专业素养的职业愿望。这种职业情怀具有一定的稳定性,但是也会随着教师的职业环境变化而变化,具有较强的可塑性(沈伟等,2020)。它既会受到教师理想和育人情怀等内在价值信念的影响,也会受到物质、情感和关怀等外在保障机制的影响,这其中以对理想的追求和对现实的认同最为关键。民办中小学教师的这种职业情怀,主要可分为他们对自身从事教师职业的认同感,对从事民办中小学教师职业的认同感,以及对目前所工作的民办中小学校教师身份的认同感等三个部分。

3. 教师职业的品格

教师职业的特殊性，决定了教师不仅要做好课堂教学工作，还需要在各方面做好表率，能对学生的品性发展起到潜移默化作用。因此，教师品格也是教师专业情意维度的重要组成部分。品格所涉及的范围比较广，与道德有关的情感、态度和行为都可归入品格的范畴。但是本研究基于核心素养的视角，认为与教师教学直接相关的品格是其核心部分。这种约定既体现了教师素养的核心性，也符合教育研究的确定性和科学性。其实，无论是东方还是西方，在传统的人才标准中，人们都将高尚的道德品性列为第一位的尺度，是人才的首要标准(林崇德，2016)。这些都说明教师的职业品格对教育的重要性，对培养合格人才的价值。Khramtsova 和 Saarnio(2003)的研究发现，教师品格和学生品格的相关性系数为 0.87。这表明，教师具有积极高尚的品格会对合格人才的培养起着正面作用，而相反则会起负面作用，从而偏离教育的本质目的。

对于教师职业品格内涵与构成的探讨，不同学者提出了不同的见解，但其核心内涵差异不大。例如，张春玲(2000)认为，教师的职业品格系指反映在教师一切言行之中的道德品质、人格、作风等心理特征与行为。杨启亮(2001)认为教师的职业品格包括教师对学习的认知、情感、态度、意向等诸多方面的个人特征。胡银根和胡楚芳(2014)认为教师的职业品格包括正直善良的思想道德品质、热爱学生尊重规律的师范品质、博而有专的文化品质、探究创新的研究品质等四个方面。侯秋霞(2012)认为教师的职业品格包括教学主体意识和责任自觉、教学情怀和教学智慧，以及求真和求善相融合的教学品质等三个方面。对于民办中小学教师来说，职业品格主要指其在从事职业和职业以外活动中所表现出的道德品质、价值观倾向和人格品质，是民办中小学教师为了更有效践行职业活动，而实施自我约束的结果。具体可分为公民品德、教师品德和人格品质等三个部分。作为一名教师，首先要做个遵规守纪的好公民，才能更好地教育学生；其次，在教育教学中要体现出良好的道德品质；而无论是从事职业活动，还是其他职业以外的活动，教师都要具备耐心、细心、自信心、上进心和毅力等良好的意志品质，这也是教师人格魅力的重要组成部分，也是教师能不断自我提升的品质保障。

综上所述，可将民办中小学教师专业情意维度的内涵和结构归纳如表 2-14 所示。

表 2-14 民办中小学教师专业情意维度内涵结构表

能力结构	内涵	子维度
教师职业的认识	指民办中小学教师对自身职业的内容、发展前景、责任和权利等方面的了解和理解,是影响民办中小学教师职业情感和精力投入的重要因素。	● 对民办学校教师职业目的的认识 ● 对民办学校教师职业内容的认识 ● 对民办学校教师职业前景的认识
教师职业的情怀	指民办中小学教师对自身职业角色所持有的情感态度,它以职业认同感为核心,以职业身份的构建为导向,是教师教育行动和教学实践的情感基础。	● 对教师职业的认同感 ● 对民办学校教师职业的认同感 ● 对当前工作的民办学校教师身份的认同感
教师职业的品格	指民办中小学教师在从事职业和职业以外活动中所表现出的道德品质、价值观倾向和人格品质,是民办中小学教师为了更有效践行职业活动,而实施自我约束的结果	● 作为普通公民应具有的品德 ● 作为合格教师应具有的品德 ● 作为优秀教师应具有的品质

2.4 本章小结

在中国知网以"民办＋教师"在题名栏目中组合检索发现,近年来有关民办教师的研究文献逐年增多,具体如图 2-2 所示(数据截至 2020 年 12 月初)。

图 2-2 "民办＋教师"文献检索结果数量的年份分布图

但是,这些文献的主要主题大多聚焦于民办高校教师队伍建设,对于民办中小学教师的研究文献还很少,具体结果如图 2-3 所示。这些都表明了民办中小学教师专业素养主要特征和发展路径研究的必要性和紧迫性,也是本研究的价值所在。

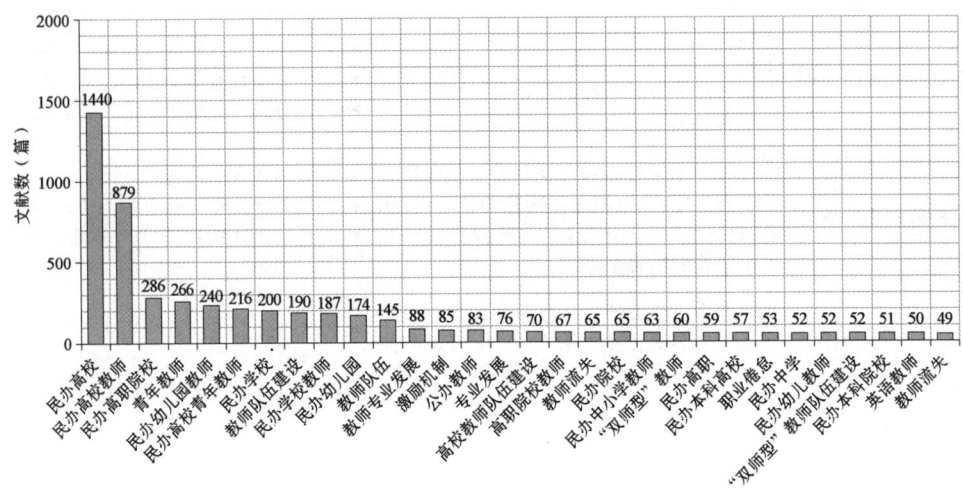

图 2-3 "民办+教师"文献检索结果数量的主要主题分布图

无论是社会对教师专业的需求,还是教师专业自我发展的需要,都有必要根据社会的人才需求,发展相应的教师专业素养。通过文献分析和现实调查,本研究对民办中小学教师专业素养的内涵和构成进行了诠释。

综上所述,可认为民办中小学教师专业素养是教师在先天条件基础上,经历养育、教育和实践等各种后天途径逐步养成的,对教师的教育教学活动有着显著影响的素质和修养,是教师从事符合时代发展的职业活动所需要的各种心理品质的总和。教师专业素养的内涵在纵向上与教师的专业化发展一脉相承,在横向上与素养背景下的教师专业诉求相契合,是教师专业发展的时代产物。

根据民办中小学教师专业素养的内涵,其构成可归纳为教师专业知识、教师专业能力和教师专业情意等三个一级维度,进而分为基础性学科知识、关联性学科知识、学科教育知识、设计教学的能力、实施教学的能力、发展教学的能力、教师职业的认识、教师职业的情怀和教师职业的品格等九个二级维度,再细分为教科书中的学科知识、课程标准中的学科知识等27个三级维度,具体归纳如表2-15所示。

表 2-15 民办中小学教师专业素养维度结构表

一级维度	二级维度	三级维度
教师专业知识	基础性学科知识	● 教科书中的学科知识 ● 课程标准中的学科知识 ● 解答常规性题目所需的学科知识
	关联性学科知识	● 教科书中的关联性学科知识 ● 学科知识点的演化知识 ● 解答综合性题目所需的学科知识
	学科教育性知识	● 学生认知特征的知识 ● 多样化表征和诠释的知识 ● 课程标准中教学要求的知识
教师专业能力	设计教学的能力	● 教学背景分析能力 ● 教学过程设计能力 ● 课后作业设计能力
	实施教学的能力	● 教学表达能力 ● 教学组织能力 ● 教学辅导能力
	发展教学的能力	● 教学反思能力 ● 文本解读能力 ● 有效学习能力
教师专业情意	教师职业的认识	● 对民办学校教师职业目的的认识 ● 对民办学校教师职业内容的认识 ● 对民办学校教师职业前景的认识
	教师职业的情怀	● 对教师职业的认同感 ● 对民办学校教师职业的认同感 ● 对当前工作的民办学校教师身份的认同感
	教师职业的品格	● 作为普通公民应具有的品德 ● 作为合格教师应具有的品德 ● 作为优秀教师应具有的品质

民办中小学教师专业素养三个一级维度之间并非相互割裂，而是有着密切的联系。其中，教师专业情意最为关键，它既是民办中小学教师从事职业的基本要求，也会对教师的专业发展产生重要影响。较高的教师专业情意，会促使教师积极去提升自身的专业素养，反之则会导致较高的职业倦怠，较低的职业效能感，缺乏从事教师职业活动的积极性，这些都必然影响教师专业知识的生成和教师专业能力的提高。教师专业知识是影响教师专业能力的重要因素，只有知道的越多才能做出更为合理的教育教学行为。当然，教师在教育教学实践活动中不仅会提高自身的各种能力，也会产生适合自身教育教学场域的实践性知识。随着专业知识的丰富和能力的有效提高，教师会更

好地完成自身的教育教学工作,这也必然会有效提升教师的专业情意。因此,从专业发展的角度来看,民办中小学教师专业知识、专业能力和专业情意这三个一级维度都是相互促进的,民办中小学教师专业素养主要构成的具体框架结构示意如图2-4所示。

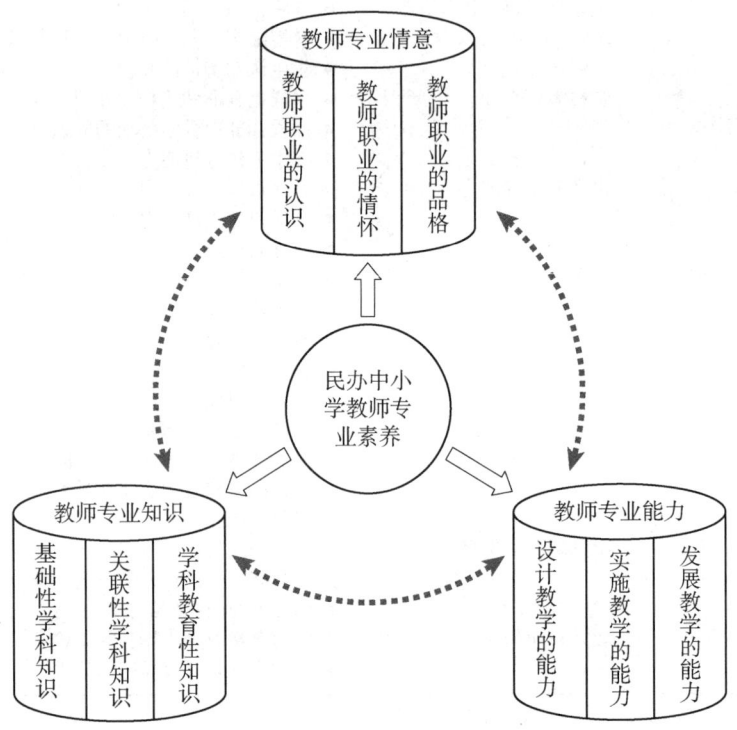

图2-4 民办中小学教师专业素养结构示意图

第 3 章　民办中小学教师专业素养的基本特征

教师专业素养是一个复杂的系统,要揭示民办中小学教师专业素养基本特征的全貌是不现实的。但是,这并不意味着就不需要研究,也不是不能研究。从特殊到一般,从局部到整体,是分析和探索复杂现象的主要方式。以民办中小学教师专业素养的某一部分作为研究对象,通过研究揭示其主要特征,不仅在操作上更为切实可行,也可以为其他特征的探索积累经验,提供有益借鉴。因此,本章根据民办中小学教师专业素养的内涵结构,在教师专业知识维度,以小学数学教师为例;在教师专业能力维度,以中小学教师的教学反思能力为例;在教师专业情意维度,以个案研究为例。通过对专业素养子维度或特定群体教师的研究,揭示民办中小学教师专业素养的部分特征,并为后续的深化提供必要参考。本章主要分为民办小学数学教师专业知识的基本特征、民办中小学教师教学反思能力的基本特征、民办中小学教师专业情意特征个案研究和本章小结四个部分。

3.1　民办小学数学教师专业知识的基本特征

教师的知识结构和深度对教学有着直接的影响,教师有效教学所需要的知识也被称为教师专业知识,它是教师专业素养的重要组成部分,也是衡量教师专业化程度的重要标志(黄友初,2019a)。小学数学教师只有对小学数学教学所需要的数学本体性知识、数学教育性知识和小学生数学学习的规律性知识有较为深入的储备,才能更有效地实施课堂教学。因此,专业知识水平是影响教师教学行为的关键性因素,有必要对教师专业知识发展的规律进行探索。本研究以小学数学教师为对象,通过调查分析小学数学教师专业知识的基本特征,为更有效地发展教师专业知识提供参考。

3.1.1 小学数学教师专业知识的基本结构

1. 教师专业知识结构的多样性与综合性

教师有效教学都应具备哪些知识,一直是教育研究的热点。从最初关注教师的学科知识,逐步转变为关注教师的教育知识,直至认为教师的教学应该包括学科与教育知识在内的各种知识。在这个过程中,教师专业知识的各种结构模型相继呈现,从各个角度对教师专业知识进行了刻画。例如,舒尔曼(Shulman,1987)将教师知识分为了学科内容知识、一般教育法知识、课程知识、教学内容知识、有关学生知识、有关教育环境知识和有关教育目标知识等七个部分。格罗斯曼(Grossman,1995)将教师知识分为内容知识、学习者与学习的知识、一般教学知识、课程知识、情境知识和自我知识等六个方面。芬尼玛等人(Fennema et al.,1992)认为数学教师的教学知识应该包括数学知识、教学方法的知识和学生数学认知的知识三个部分。鲍尔等人(Ball et al,2008)通过扎根分析,认为教师专业知识可以分为学科内容知识和教学内容知识两个部分,进而分为一般内容知识、专门内容知识、水平内容知识、内容与学生的知识、内容与教学的知识,以及内容与课程的知识等六个部分。由此可见,关注的视角不同,教师的教学知识就会有不同的划分。

这种分类具有一定的价值性,可为教师专业知识的研究提供必要的分析依据。但是,各种结构的划分也存在较强的主观性,因为教师在教学实践中所需要的知识较为综合,不仅难以明确剥离,而且对于各种类别知识的需求程度也是不同的。教师首先需要了解所教学科的本体性知识,它包括点状和网状两个层次。所谓点状学科本体性知识是指教师对所要教学的某个知识点有正确的认识,例如小学数学教师在教学分数时,自身首要掌握分数的定义、表示法和四则运算方法等知识。所谓网状学科本体性知识是指教师对所要教学知识点与其他知识点之间的联系要有正确的认识,例如小学数学教师要更好地理解分数知识,需要对分数知识内部各个知识点的联系、分数与其他数学知识点的联系、分数知识的历史演化进程等知识都有较好的掌握。学科本体性知识,可以让教师更好地理解学科知识,能在教学中有效减少知识性错误,能从多角度进行表征和诠释,是教师实施教学的知识前提。

具备了所教学科的本体性知识以外,教师还需要具备如何将学科知识传递给学生,更好地帮助学生构建自身知识体系的教学条件性知识,它包括规定型和规律型两个方面。规定型教学条件性知识是指课程标准、教科书和考试大纲等教育指导性文本对教学内容、教学次序、知识深度和广度要求的知识。例如,小学数学教师在教授分数时,需要对该知识点在课程标准中的要求,教科书中的呈现形式和考试难度有较好地认识。规律型教学条件性知识是指有关学生的年龄特征、学科学习认知规律和学科教学基本方法的知识。例如,小学数学教师在分数教学时需要了解该年龄段儿童认知思维基本特征,分数学习的难点和分数教学的常用方法等。教学条件性知识,可以让教师更好地理解学科知识与教学元素的关联,更丰富地设计教学路径,是教师有效教学的知识保障。

2. 小学数学教师专业知识的结构与内涵

根据教师在教学实践中对知识的需求的先后次序,可以将教师的教学知识分为学科本体性知识和教学条件性知识两个部分,前者是教师能否实施教学行为的知识前提,后者是教师能否有效实施教学行为的知识保障。它们并非完全独立,而是有着密切的联系。教师对学科知识的掌握程度会在很大程度上影响教师的教学设计和实施,尤其是教师对学科知识关联程度的理解与教师对学科知识教学的有关规定紧密相关,它们是实施具体教学行为的教育横向支撑和学科纵向支撑。

在此基础上,结合小学数学教师教学的基本特点,可以将小学数学教师的教学知识分为基础性知识、关联性知识和教育性知识这三个部分。其中,基础性知识主要指教师对所要教学的数学知识的认识和运用,包括能正确表述数学的定义、能运用数学的基本概念和定理求解和证明数学题,属于学科本体性知识的范畴;关联性知识主要指学科知识之间、学科知识与教育知识、学科知识与其他知识之间的联结,包括数学知识的概念图谱、数学知识的演化与应用、数学知识的教育要求、数学知识与学生数学认知规律联结等,是学科本体性知识和教学条件性知识的综合;教育性知识主要指知识点难易程度的判断和教学方法的选择,包括学生数学基础和认知特点的知识,数学知识类型与数学教育方法关联性的知识,以及运用数学教育技术和生活事例帮助学生理解数学的知识,属于教学条件性知识的范畴。具体内涵归纳如表3-1所示。

表3-1 小学数学教师专业知识分类结构汇总表

知识结构	内涵	举例
基础性数学知识	对所要教学的数学知识能正确表述、书写和应用。即熟悉小学数学教科书上所列的数学知识,能解答教科书和练习册中的数学题目	知道分数的定义;能判别真分数、假分数和带分数;掌握分数的四则运算;能用分数解决相关应用题
关联性数学知识	对所要教学的数学知识有较为深入了解,清楚数学知识间的联系,数学知识的教学要求。即熟悉教科书中数学知识的分布情况,了解知识之间的各种变形和转换,能准确判断所教学知识的重点	知道分数与小数的区别和联系;了解分数表示法的发展脉络;理解分数四则运算和整数四则运算的联系和区别;能有效掌握向不同年级的小学生进行分数教学时,在知识深度和广度方面有何区别
数学教育性知识	能准确判断所要教学数学知识的难点,了解不同类型数学知识的合适教学方法,熟悉小学生的数学学习规律。即能将教科书中的数学知识通过较为合理的方式在教学中呈现	知道分数的定义该怎么教学生才最容易接受;知道该怎么让学生更好地理解不同分母分数的加减要通分;了解学生在分数学习中容易犯的常见错误,并能通过教学尽量避免这类错误的发生

这三个类别知识相互影响、相互转化,基础性数学知识是教师实施数学教学的根本性前提,教师只有掌握了定义、定理和运算法则,才能思考该怎么教。要将数学知识更好地在教学中呈现,教师仅仅具备基础性数学知识是不够的,还要对数学知识的纵向发展脉络和知识点之间的横向联系有深入了解,要有网状知识结构体系,了解所要教学的数学知识点在整个知识体系中所处的位置,同时还要了解数学课程标准中对该知识点的教学深度和广度有怎样的要求。因此,教师还需要具备关联性数学知识,它也是基础性数学知识的深化和升华。小学数学教师所具有的学科知识都是为教学实践服务的,为更好地组织教学教师还需要具备如何教的知识,包括该数学知识一般常用的教学方法有哪些,学生知识基础和认知发展规律是怎样的,如何才能更好地引导小学生从生活数学过渡到学科数学,在对学科数学有更好地掌握后能发展为自如地应用数学。这就是教师的数学教育性知识,它以关联性数学知识为基础,对教师教学的有效性具有直接的影响。

3.1.2 调查工具与对象

根据上述理论基础,从基础性数学知识、关联性数学知识和教育性数学知识三个部分编制调查问卷。问卷的测试题目均选自相关的教师知识研究,该学者以小学分数知识为基础,编制信度和效度都良好的试题,考查小学数学教师的知识结构(李琼,2009)。本研究根据具体的研究对象和研究目的,选择部分试题形成问卷初稿,在经过内容效度检验后实施预研究,然后根据研究反馈对部分题目进行了删减,确保三个维度测试题目难度基本一致,形成正式问卷。问卷由 12 道题组成,其中基础性数学知识 4 道题,关联性数学知识 3 道题,数学教育性知识 5 道题。问卷满分为 45 分,三类知识各占 15 分。由于问卷中含有主观题,为确保分析的合理性和有效性,由三位数学教育研究者依据统一的评分规则,分别对调查结果进行等级评判,然后再将各题的等级转化为对应分数,最后以三位评分者的平均得分作为该题的最终得分。

由于需要解答,本次测评全部采用纸质问卷。共对小学数学教师发放问卷 198 份,回收有效问卷 183 份,有效率回收为 92.42%。其中,男性小学数学教师 29 名,占 15.85%;女性小学数学教师 154 名,占 84.15%。职前小学教育专业教师(师范生和全日制研究生)共 92 人,占 50.27%;在职的民办小学教师共 91 人,占 49.73%。在职教师中,教龄在 10 年以下的有 52 人,占 57.14%;10 年及以上的有 39 人,占 42.86%;具有本科及以下学历的教师 157 人,占 85.79%;具有本科以上学历教师 26 人,占 14.21%。

3.1.3 调查结果与分析

1. 教师专业知识总体特征

测评结果显示,小学数学教师专业知识的总体均值为 33.055,得分率为 0.735,其中基础性数学知识掌握得较好,得分率为 0.838;教育性知识次之,得分率为 0.707;而关联性数学知识得分最低,得分率为 0.658。相关性分析表明,在 $\alpha=0.01$ 水平上三类知识之间都存在显著性相关,其中数学教育性知识和关联性数学知识的相关系数最高,达到了 0.505。独立样本 T 检验发现三类知识相互之间存在显著性差异,教师专业知识总体与 27 分(45 分的 60%)的单样本 T 检验也存在显著性差异。这表明,小学数学教师的基础性数学知识显著高于数学教育性知识和关联性数学知识,关联性数学知识显著低于基础性数学知识和数学教育性知识,但是教师专业知识总体还算令人满意。具体结果如表 3-2 所示。

表 3-2 教师专业知识测评总体结果表

知识类别	总分	得分均值	标准差	得分率	比较类别	t
基础性知识(A)	15	12.576	2.041	0.838	A 与 B	12.396*
关联性知识(B)	15	9.864	2.626	0.658	A 与 C	8.680*
教育性知识(C)	15	10.614	2.849	0.707	B 与 C	−3.714*
专业知识(总体)	45	33.055	5.655	0.735	总体与 27	14.484*

注：*表示 $p<0.05$，下同

本次调查试题以小学的分数知识为基础，该知识也是小学数学教学的重点与难点，对教师在教学中需要的知识有着较为综合的要求。其中，基础性数学知识的题目包括了分数意义的准确表述、分数概念的多元表征、分数的算理解释和分数除法的多种运算等四个部分。调查结果表明，小学数学教师对于分数概念的多元表征得分率最高，达到了 0.977，分数除法的多种运算得分率最低，仅为 0.762。数学教育性知识的题目包括了分数除法教学的多种设计、学生学习难点判断、学生认知错误原因分析、教学难点突破策略和教学方法比较分析等五个部分。其中，教学方法比较分析的得分最高，得分率为 0.782，分数除法教学的多种设计得分最低，仅为 0.581。关联性数学知识包括分数四则运算之间的联系、分数概念与分数中其他知识点之间的联系，以及分数知识与其他数学知识之间的联系等三个部分。这三者之间的得分较为接近，分数概念与分数其他知识点之间的联系得分最高，得分率为 0.661，分数知识与其他数学知识之间的联系得分最低，为 0.642。

调查结果表明，小学数学教师专业知识具有较为明显的点状特征，还未能形成网状结构。教师对分数概念的理解较为透彻，能用多种方式表征，对于概念和运算教学的设计都较为合理。但是，对于学科知识点之间的联系还缺乏深刻认识，包括分数内部各个知识点之间的关联、分数知识与其他数学知识之间的联系都还理解得不够全面；对于知识点教学的设计也较为单一，习惯于旧有的教学方法，多样性还有待进一步丰富。应该看到，关联性数学知识在知识的学科形态转化为教学形态的过程中扮演着重要的角色，教师关联性数学知识的缺乏必将影响教育性知识的发展。因此，教师仅仅理解学科知识的内涵是不够的,还需要深入掌握其外延。只有从数学知识的脉络体系中审视所要教学的知识点,才能更好地理解知识点的结构特征与逻辑联系;只有理解儿童思维认知的发展特征,才能实施更合理、更丰富的教学。

2. 不同群体小学数学教师专业知识的主要特征

为了进一步分析小学数学教师专业知识的基本特征,从不同性别、职前和在职、不同学历和不同教龄等四个方面,将小学数学教师分为不同群体,并对不同群体教师的教学知识进行比较。通过 SPSS 的独立样本 T 检验,发现男性教师和女性教师、本科及以下学历教师和本科以上学历教师,无论在专业知识总体还是三个子类别中都不存在统计学上的显著性差异;10 年以下教龄教师和 10 年及以上教龄教师在专业知识总体中不存在显著性差异,但是 10 年及以上教龄教师的关联性数学知识显著高于 10 年以下教龄教师;职前教师和在职教师在专业知识总体、关联性数学知识和数学教育性知识中都存在显著性差异,在职教师都显著高于职前教师。具体结果如表 3-3 所示。

表 3-3 不同群体教师专业知识测评结果均值表

群体标准	分类内容	基础性数学知识(A)	关联性数学知识(B)	数学教育性知识(C)	专业知识(总体)
性别	男性教师	**12.979**	**10.217**	10.378	33.574
	女性教师	12.500	9.798	**11.869**	**34.167**
学历	本科及以下学历教师	**12.716**	9.820	10.533	**33.612**
	本科以上学历教师	12.090	**10.363**	**10.895**	32.805
教龄	10 年以下教龄教师	**12.581**	10.321	12.032	34.934
	10 年及以上教龄教师	12.341	**11.687***	**12.428**	**36.456**
入职	职前教师	**12.673**	8.834	9.043	30.550
	在职教师	12.478	**10.907***	**12.202***	**35.587***

(1) 不同性别和不同学历小学数学教师专业知识不存在显著性差异

从表 3-3 中可发现,虽然性别和学历对小学数学教师专业知识没有显著性影响,但存在一些发展特征。男性教师的基础性数学知识和关联性数学知识要略优于女性教师,但是在数学教育性知识方面,女性教师较为占优,这或许与女性教师行事和思考较为细腻有关。随着学历的提升,小学数学教师的基础性数学知识差异不大,但是关联性数学知识和数学教育性知识相对偏高,这可认为在就读研究生期间,教育理论知识的拓展和对教育教学的系统性思考,对他们关联性数学知识和数学教育性知识的提升有所帮助。

(2) 不同教龄、职前与在职小学数学教师的专业知识存在显著性差异

从表3-3中还可发现,在教龄和入职这两个分类标准中,不同群体教师的专业知识或其子类别都存在显著性差异。在职小学数学教师的专业知识显著高于职前教师,而且在关联性数学知识和数学教育性知识中都存在统计学上的显著性差异。10年及以上教龄教师的关联性知识显著高于10年以下教龄教师,专业知识总体和数学教育性知识也相对偏高。这些都表明,教学经验的积累有助于教师更深入地理解学科知识之间的联结,有助于教师更多维地思考学科知识的教育路径。

(3) 教龄对小学数学教师专业知识影响程度最大,学历对教育性知识的影响较大

为更好地分析性别、学历、教龄和入职等情况对小学数学教师知识影响的程度,将其作为自变量,专业知识总体、基础性数学知识、关联性数学知识和数学教育性知识分别作为应变量采用多元回归分析。结果表明,四种因素对于专业知识总体、关联性数学知识和数学教育性知识都有正向影响,教龄因素对这三类一级维度知识的影响程度最大,且存在显著性,性别因素的影响程度最小,且不存在显著性;学历因素在数学教育性知识中影响次之,入职因素在专业知识总体和关联性数学知识中影响次之。分析表明,教龄对教师关联性数学知识影响最大,标准化回归系数值(β)为0.489;在四个因素中,教龄对专业知识总体的影响系数也远高于其他三个因素。

在数学教育性知识中,除了教龄有显著性影响,学历的影响程度也有显著性,标准化回归系数值(β)为0.238。但是,学历因素在专业知识总体的影响中只排第三位,主要原因在于目前的小学数学教师中,多数教师的学历为本科,硕士学历的教师多分布在教龄5年以内的教师中。尽管研究生经历对他们教学知识会有提高,但是提高幅度不及教学实践中经验的积累对教学知识的影响。在基础性数学知识中,只有性别因素的影响是正向的,但不存在显著性,其他因素都是负值。这表明,性别、学历、教龄和入职等因素对小学数学教师基础性数学知识的影响不大,没有明显的规律性。多元回归分析的简要结果如表3-4所示。

表3-4 教师专业知识影响因素多元回归分析结果汇总表

知识类别	教龄因素β值	入职因素β值	学历因素β值	性别因素β值
专业知识(总体)	**0.327**[*]	0.181	0.154	0.106
关联性数学知识(B)	**0.489**[*]	**0.240**[*]	0.041	0.018
数学教育性知识(C)	**0.385**[*]	0.209	**0.238**[*]	0.131
基础性数学知识(A)	−0.054	−0.059	−0.174	0.113

3.1.4 研究结论与建议

根据教师教学实践的主要特性,可以将小学数学教师专业知识的基本结构分为基础性数学知识、关联性数学知识和数学教育性知识三个部分。调查显示,民办小学数学教师专业知识的基本特征如下:

(1) 在教师专业知识总体方面,民办小学数学教师的基础性数学知识掌握较好,但是关联性数学知识相对薄弱,还未能有效形成网状知识体系。这表明,民办小学数学教师能较好地处理知识点相对单一内容的教学,但是对于从角度分析、多种方式表征、用更广视角看待问题方面还需要进一步加强。

(2) 不同群体教师的比较表明,教龄对民办小学数学教师专业知识影响最大,学历对教育性知识的影响较大,性别对教师专业知识影响不大,不同群体小学数学教师的基础性数学知识也差异不大。

这些基本特征可以给教师教育提供必要启示,主要包括:在职前教师教育中,可以开设与教育实践联系紧密的理论性课程,利用教育技术创设实践体验活动性课程,同时也需要在教学方式上注重理论性知识与小学数学教学的联系。对于在职小学数学教师的教育,要注重教育理论知识的渗透,以更好地指导教师的教学实践,以及对实践经验的升华和提炼。除此之外,还需要在教师教育中关注教师反思能力的提高。反思是教师生成自身知识的重要方式(张学民等,2009),小学数学教师在学习和教育的实践中,只有通过反思才能更好地将学科本体性知识和教学条件性知识进行内化,逐步形成立体式的网状知识结构体系,从而促进自身专业化水平的有效提升。民办小学也需要在教研活动中,引导教师对知识点的内涵和外延进行分析,并能创建必要机制,发挥有经验教师的引领作用。

3.2 民办中小学教师教学反思能力的基本特征

在教师专业发展过程中，反思是一个重要的方式，无论是知识的学习、课堂观摩的感悟，还是实践经验的总结，教师都需要进行必要的反思，才能将其有效内化为自身素养的一部分。因此，教师是否具备较高的反思能力是教师专业素养的一个重要体现，本研究将对民办中小学教师的教学反思能力进行调查，通过不同群体民办中小学教师的比较分析，厘清民办中小学教师教学反思能力的基本特征。

3.2.1 理论基础

目前对民办教师教学反思能力进行研究的文献还不多，在中国知网的篇名部分以"教学反思能力"和"民办"组合搜索，只查到 4 篇文献，其中 2 篇的研究对象为高校教师，1 篇的研究对象为高校学生，还有 1 篇的研究对象为幼儿园教师，还没有针对民办中小学教师教学反思能力的研究。鉴于公办和民办教师专业具有较强一致性，在教学反思能力的内涵和构成方面也不应有本质区别，因此本研究的理论基础部分就已有相关文献进行分析。

1. 教学反思能力的内涵

从古至今，对于反思学者们有不同的看法，"反思"就是"反省"，这是大多数学者观点的起源，这也是元认知的过程。孔子的"吾日三省吾身"，表示孔子无论是对待自己还是弟子都要求用反省的态度对待自己，这其中的反思可以理解为对已经做过的事情进行的思考。朱小蔓和杨一鸣(2002)也持有类似观点，她们从反思对象的角度做出了对反思的理解，认为反思是对自己做过的事或者是看到的某个东西进行重新思考，并且将思考得到的结果运用到另一个行动中的过程。

也有学者从反思的阶段对个体的反思进行分析,例如19世纪德国学者黑格尔认为反思就是后思,也就是活动结束后对活动的回顾和反复思考,这种思考是事后对事实的思考(黑格尔,2003)。黑格尔提出的反思是以"自否定"为前提,对既定事实的反复思考,认为反思就是自否定过程的表达形式。美国学者舍恩(Schon,1983)则扩大了反思的时间范围,他认为反思是指对复杂或者是自己不熟悉的事物产生新的认识或者是重新建构体系的过程。在这个过程中,对实践者有着较大的考验和要求,需要他们勇于尝试和检验,最终修正自己的行动。他将反思分为了对行动的反思(Reflection-on-action),行动过程中的反思(Reflection-in-action)和为行动的反思(Reflection-for-action)等三种类型。舍恩认为能够在行动中反思是一种巨大的进步,也能及时更新优化自己的做法,虽然很多话都已经说过无法收回,但是能够在第一时间进行补充和修正,相比较于事后反思,更具有及时性。在舍恩研究的基础上,弗赖登塔尔(Freudenthal,1999)认为反思是对正在做的及已经做过的事情的反复思考,他更倾向于事中和事后反思。

结合反思的内涵,学者们对教师如何进行反思,如何通过反思促进专业发展进行了研究。例如,我国学者熊川武(1999)提出了反思性教学的观点,认为反思性教学是教师在行动研究以及实践的过程中,不仅关注自身的教更关注学生的学,并且更改自己的教学方法来适应教学的过程。基本模式可概括为"计划—行动—观察—反思",其目的是用反复的思考和批判的态度去解决问题,而不是仅仅只是发现问题,这种研究的过程是一种实践性的教学活动,而不是形式主义的思维方式,这个过程能够让教师从新手教师向专家型教师转变。而在教师教学反思能力方面,学者们也进行了较多的阐述,对其内涵的界定主要可归纳为三种观点:

(1) 认为教学反思能力是批判性思考的能力

这种观点主要关注教师的反思能力是否应用到具体的教学活动中,认为反思能力是指在对已经经历的事情进行解释并且赋予重要意义的过程中,对自己的行动以及行动中的细节之处进行批判性思考从而形成的能力(Mezirow,1990)。这种观点强调教师的反思能力一定要是对自己在思想层面上的批判性思考。因此,教学反思是教师以学生、自身和教学活动为反思的对象,在反思的过程中能够善于发现问题,能够运用已有的知识经验给自己提供解决问题的方法,并且最终解决并且修正问题。在教学反思过程中展现出教师的创新能力、坚韧能力等。

(2) 认为教学反思能力是教师教学监控的能力

这种观点认为教师反思能力是指教师以对已经发生的教学活动以及活动所支撑的理论作为反思的对象,反复地对其进行积极观察、研究、计划、反馈、调整、修正的能力(吴卫东和骆伯巍,2001)。而且,教师的这种能力是在教学过程的各个阶段不断探索不断进步,从而形成的能力,它并非一定要在教学的过程中发现问题改正问题才能形成。申继亮和辛涛(1998)也持类似观点,认为对教学反思能力进行研究就是研究教学监控能力,教学监控能力就是指教师在教学活动中为了达到教学目标或者是达到自己的预期,在教学过程中将教学活动本身作为意识的对象,不断地对其进行积极的、主动的计划、检查、评价、反馈、控制和调整修正的能力。

(3) 认为教学反思能力是自我反思的能力

这种观点认为教学反思能力主要是教师在教学的整个过程中,把自己和教学活动适时地作为反思的对象,不断地对自己的行为以及活动过程中的问题进行批判性思考,不断地发现并改正问题,从而解决问题的能力(高玲,2007)。这种反思更多从教师专业自我发展的角度,在反思中总结经验,深化认识,强化行为。

综上所述,本研究将民办中小学教师的教学反思能力界定为民办中小学教师为了更好地实施教学行为,提高教学效果,对已经发生或者是正在发生的教学活动,用批判性思维发现问题、深入研究问题及最终全面解决问题的过程中展现的创造性解决问题的能力。

2. 教学反思能力的构成

教学反思能力的结构都是按照它的特性,从某个固定的角度出发,根据不同的理解进行划分的,所不同的是它与具体的教学情境密切相关。已有研究对教师教学能力结构的划分主要可归纳为以下几种类别。

(1) 从教学反思价值的角度

这种分类从教学反思对教学作用的角度,更多关注了教学反思的本身,代表性观点如下。国内学者熊川武(1999)认为教学反思能力可以分成两个部分:第一,教师在解决问题的过程中展现出的技能;第二,能够将技能应用于实践并且长期坚持思考问题、分析问题、解决问题的毅力。反思的技能主要是指在反思的过程中运用理论并且自己解决问题的能力;反思的毅力是指反思的持续性,主要是解决问题时遇到问题的探索精神。

喻平(2004)认为教学反思能力是承接教学能力和反思能力之间的纽带,因为教学的反思能力渗透在教学的全过程中。首先从反思的对象方面分析,分为教学反思和教研反思;其次从外部和内部两个维度来分类,这样就形成了教学内部反思、教学外部反思、教研内部反思、教研外部反思这四个维度,组成了一个2×2矩阵。

(2) 从教学活动过程的角度

这种分类从教学活动整个过程中教师的反思情况进行分类,更多关注了反思对教学过程的影响,代表性观点如下。吴卫东和骆伯巍(2001)把教师自身和教学活动本身作为反思的对象,认为教师反思能力主要分为自我监控能力和教学监控能力。自我监控能力与教学监控能力是相辅相成的,教师提升自我监控能力能够促进教学监控能力的培养,同时教学监控能力也能够督促教师的自我监控能力,尤其是能够提高教师对教学的自信心,更好地提升自己的教学能力。

张海珠和陈花等(2020)把教学反思能力的结构分为对教学实践活动、对教师个人经验、对教学中的各类关系、对教学理论、对反思后的专业发展规划的反思能力等五个部分。这种划分的方式包含了教学活动的主体、主体间的关系以及对教学活动后的监控等各个方面,可以说是全面而具体的。

储召红(2001)认为教学反思能力的结构是由动力、知识、技能和调控等因素构成的,它们在教学反思的过程中能够相互配合,共同影响教师的教学反思能力,并且这四个因素中还包括更加细致的指标。她认为这些因素不仅存在于教学中,并且是由教师教育才能完成的。从动力因素到调控因素不仅仅涉及了教师教学能力方面,同样也涉及了教师自身反思方面,所以说这样的四个维度也被后来的许多学者广泛应用,并且这四个维度可以根据具体情况进行调整。

综上所述,各个学者对教学反思能力的划分都有侧重点,但是喻平教授从教学内部和外部两个方面进行分析的刻画较为直观,既包括对教学活动过程的反思,又包括对教师自身的反思,是一种比较全面的划分方式。因此,结合民办中小学教师的特点,本研究将以喻平教授的研究为基础,将民办中小学教师的教学反思能力分为教学内部反思能力和教学外部反思能力两个部分。其中,教学内部反思能力主要是指对课堂教学的准备和实施过程进行反思的能力,教学外部反思能力主要是指对教师专业素养进行反思的能力。

除此之外,本研究还对民办中小学教师教学反思能力的影响因素予以关注,结合教学反思能力的构成,决定从内部和外部两个方面对影响因素进行分析,其中内部因素主要指教师自身的因素和家庭的因素;外部因素主要指学校因素和学生因素。

3.2.2 调查工具与对象

1. 研究工具

根据民办中小学教师教学反思能力的内涵和构成分析,编制调查工具。一级维度为教学内部反思能力和教学外部反思能力,并再细分为三个二级维度。其中,教学内部反思能力是指教师主体对教学活动全过程进行回顾和反省,被分为五个二级维度,分别是对学生学情解读反思的能力、对教学目标反思的能力、对教学设计反思的能力、对教学行为反思的能力、对教学评价反思的能力;教学外部反思能力是指教师主体对教师专业素养进行反思的能力,被分为三个二级维度,分别是对专业知识反思的能力、对教学能力反思的能力、对教育理念反思的能力。具体内涵如表3-5所示。

表3-5 初始量表的各级维度和涵义

一级维度	涵义	二级维度	涵义
教学内部反思能力	教师对课堂教学的准备和实施过程进行反思的能力	对学情解读反思的能力	对学生知识水平、学习能力、思维特征和班风、学风解读是否准确研判进行反思的能力
		对教学目标反思的能力	对所教课程内容是否达到预期教学目标进行反思的能力
		对教学设计反思的能力	对教学的设计与实施过程是否符合预期进行反思的能力
		对教学行为反思的能力	对课堂教学中的言语与体态等行为是否妥当进行反思的能力
		对教学评价反思的能力	对教师的教和学生的学进行评价是否恰当进行反思的能力

续表

一级维度	涵义	二级维度	涵义
教学外部反思能力	教师对教师专业素养进行反思的能力	对专业知识反思的能力	教师对自身的学科专业知识、教育教学知识、科学文化知识进行不断反思的能力
		对教学能力反思的能力	教师对自身设计与实施教学能力进行不断反思的能力
		对教育理念反思的能力	教师对自身的教育理念、教育信念或教育观进行不断反思的能力

根据以上结构编制了41道题,其中每个二级维度3—6题不等,问卷全部采用李克特5点法;还有影响因素12道题,每个二级维度3道题。初始问卷完成后,对教学反思能力调查问卷进行了内容效度的分析,然后实施预测试,对预测的结果进行临界比的项目分析和探索性因素分析。分析结果表明,量表的信度和效度都较为良好。其中,科隆巴赫内部一致性度为0.959,KMO取样适切性量数值为0.915。主成分分析提取出来的8个成分与二级维度中设定的维度个数相符合,并且载荷量大于0.4,解释的总变异量为70.829%,达到了比较好的水平,具体如表3-6所示。

表3-6 教学反思能力初始量表总方差解释

成分	初始特征值			提取载荷平方和		
	总计	方差百分比	累计%	总计	方差百分比	累计%
1	17.360	42.342	42.342	17.360	42.342	42.342
2	3.496	8.526	50.868	3.496	8.526	50.868
3	1.874	4.572	55.440	1.874	4.572	55.440
4	1.534	3.740	59.180	1.534	3.740	59.180
5	1.351	3.296	62.476	1.351	3.296	62.477
6	1.239	3.022	65.498	1.239	3.022	65.498
7	1.132	2.762	68.260	1.132	2.762	68.260
8	1.053	2.569	70.829	1.053	2.569	70.829
9	0.946	2.307	73.136			

2. 研究对象

调查采用线上和线下相结合的方式,以在线的问卷星微信推送为主,线下的调查为辅,共收集到上海市民办中小学教师有效样本137人(份)。其中,男教师34人,女教师 103 人；中学阶段教师 38 人，小学阶段教师 99 人。

为了弥补调查问卷的不足，本研究还选取了 7 人进行了访谈，其中男教师 2 人，女教师 5 人；中学阶段教师 2 人，小学阶段教师 5 人。编号和基本情况如表 3-7 所示。

表 3-7 访谈对象基本情况表

编号	性别	教龄	任教学段	任教学科
T1	男	6 年	小学	数学
T2	女	2 年	小学	音乐
T3	女	3 年	小学	数学
T4	女	5 年	小学	语文
T5	女	8 年	小学	语文
T6	男	10 年	中学	数学
T7	女	4 年	中学	英语

3.2.3 调查结果与分析

1. 民办中小学教师教学反思能力总体情况

调查结果显示，民办中小学教师的教学反思能力总体情况较好，两个一级维度都高于 4 分，表明他们对自身平时的反思行为评价达到了良好程度。在八个二级维度中也有六个二级维度高于 4 分，其中对学情解读反思的能力均值最高，达到了 4.38 分，对教学评价反思的能力最低，但也达到了 3.72 分。总体来看，民办中小学教师的教学内部反思能力和教学外部反思能力基本相当，配对分析表明两者之间并无显著性差异。具体的调查结果如表 3-8 所示。

表 3-8 民办中小学教师教学反思能力二维结构调查结果汇总表

一级维度	均值	标准差	二级维度	均值	标准差
教学内部反思能力	4.07	0.452	对学情解读反思的能力	4.38	0.625
			对教学目标反思的能力	4.11	0.612
			对教学设计反思的能力	4.18	0.753
			对教学行为反思的能力	4.03	0.922
			对教学评价反思的能力	3.72	0.802

续表

一级维度	均值	标准差	二级维度	均值	标准差
教学外部反思能力	4.03	0.461	对专业知识反思的能力	3.81	0.611
			对教学能力反思的能力	4.12	0.812
			对教育理念反思的能力	4.08	0.633

结合公办教师的调查结果，可发现民办中小学教师教学反思能力的总体情况有两个较为明显的特征：

(1) 民办中小学教师更注重对课堂教学的反思

民办中小学教师的教学内部反思能力和教学外部反思能力基本相当，内部反思能力的均值略高于外部反思能力。但是，公办教师的调查结果显示，他们的教学外部反思能力显著高于教学内部反思能力（张悦，2021）。这表明，相较于公办中小学教师，民办中小学教师更关注课堂教学，访谈结果也印证了这点。例如，T3 教师的访谈内容具有较强的代表性，摘录如下。

T3：虽然还是小学，但是学校和家长对学生的学业成绩都还是比较关注的，所以平常对怎么上得更好会比较重视，教学的反思主要集中在这个部分。

问：一般哪些点是反思最容易考虑到的？

T3：主要是教学过程中和自己预想的有没有出入，比如哪几个环节设想是学生会有怎样的反应，课后就会反思一下实际教学中为什么没有达到这个效果。

问：你平常进行这种反思多吗？

T3：还是比较多的，尤其是我的教龄还不长，每次上课都是新的内容，很多地方还需要学习，所以一般课后都会进行反思。

问：除了对课堂教学的反思，平时对自己专业发展方面会有一些反思吗？

T3：也会有的，主要在一些听讲座或教研活动的时候，会反思一下自己的知识面和能力等；当然在教学很失败的时候，有很大挫败感的时候，我也会反思自己是不是适合做老师，专业方面哪里还做得不够之类的。

(2) 工作强度会较大程度限制民办中小学教师的教学外部反思能力

民办中小学教师的教学内部反思能力与公办教师基本一致，但是教学外部反思能力显著低于公办教师。究其原因有很多,但工作强度较大是一个重要因素。民办中小学教师的课时较多,课外活动也较多,课后批改作业的任务和备课任务也较重,平时忙于应付事务性工作,相比较公办中小学教师,很难有时间对自己专业的发展情况进行反思,访谈结果也印证了这一点。例如,T6教师的访谈内容具有较强的代表性,摘录如下。

T6:教学反思肯定会有,但是肯定不深,主要是太忙了,每天课很多,作业也很多,还要自修辅导啥的。有时候只能对刚上过的课简单反思一下,或者在备课前简单思考一下之前的经验和教训,比较表面。

问:一般哪些点是反思最容易考虑到的?

T6:主要是课堂教学的内容,尤其是学生为什么这里听不懂?为什么这里没有反应?为什么这个地方会这么多错误之类的。

问:你平常进行这种反思多吗?

T6:你说次数,还不少的,但是都是刚下课或备课时候会思考,其他时间就比较少了,要处理的事情太多,等忙好了人也累了。

问:像你这种老师教龄比较长了,对课的内容和学生都比较熟悉了,还需要对课堂教学进行反思吗?会不会反思一些自己专业发展方面的内容?

T6:比起以前,现在肯定对内容和学生熟悉很多了,但是每次上课学生都不一样,还是要稍微思考一下的,但肯定没有刚工作时候想的这么多。自己专业发展方面,老实说很少,只有在听一些报告,或者有时候自己需要对年轻老师点评的时候,才会思考一下。

问:所以在你看来,工作强度大会影响你们的反思?

T6:肯定会,思考需要一定环境,现在每天有很多事情要处理,处理好了身体也很疲惫了,也思考不进去了。每年暑假的时候我们学校组织的研讨就会有比较多的反思,这种研讨比较轻松,带有疗养性的吧,会在讨论之余反思一下自己的教育理念啊、知识面啊、教学能力方面啊这些比较宏观的东西。

2. 民办中小学教师教学反思能力群体差异比较

(1) 不同性别教师教学反思能力差异比较

为了了解不同性别教师的教学反思能力是否存在差异,将其分为两个群体,经过

SPSS的独立样本T检验,发现男女性别民办中小学教师的教学反思能力在总体和两个一级维度都存在不同特征。女教师的教学反思能力总体虽然略高于男教师,但是并没有达到显著性水平,可认为基本一致。但是在两个一级维度中,男女教师存在显著性差异,其中在教学外部反思能力方面,男教师显著高于女教师;而在教学内部反思能力方面,女教师显著高于男教师,具体结果如表3-9所示。

表3-9 不同性别教师对教学反思能力总体独立样本检验

能力结构	性别	平均值	标准差	显著性
教学内部反思能力	男	4.0383	0.47218	0.002
	女	4.1204	0.52371	
教学外部反思能力	男	4.0551	0.42587	0.048
	女	3.9757	0.32653	
教学反思能力	男	4.0476	0.45702	0.092
	女	4.0757	0.38552	

从表3-9可以看出,男女教师在教学反思中有不同的侧重点。相对来说,女教师对课堂教学更为关注,教学内部反思能力也较强,显著强于教学外部反思能力。而男教师的教学内部反思能力和教学外部反思能力基本一致,其中教学外部反思能力略高。这表明男教师教学反思的关注点相对宏观,会在反思中涉及自身知识、能力与理念。总体来说,女教师的教学反思能力略高于男教师,这与女教师相对细致的品性有关。教师的代表性访谈摘录如下。

T1:女老师一般会细致一些,对一些细节抠得要比我们仔细,男老师关注整个教学过程会多一些,细节方面也会考虑,但不会这么多。

问:在反思教学过程时会不会也会反思一下自己在一般性的知识面、教学能力或教育观方面的内容?

T1:有时候会,尤其是课堂比较失败时候,自己班考得很差的时候,就会反思自己是不是哪里还存在缺陷,需要提高之类的。

T2:我觉得我们女老师会相对男老师敏感一些,课堂中一些做得不好的地方,总想把它想清楚了、理顺了。这是优点,但有时候也是缺点,细节太较真了,不仅自己很累,有时候也不一定有好效果。

问:为什么?

T2:因为太关注细节了,有时候往往会忽略重点、目标这些大头,毕竟精力是有限的,况且我们平时已经很忙了。

对男女性别民办中小学教师教学反思能力二级维度的比较发现,男教师在教学外部反思能力的三个二级维度都高于女教师;而在教学内部反思能力中教学评价反思能力高于女教师,其他四个二级维度都略低于女教师。女教师在教学设计反思能力和教学行为反思能力这两个二级维度都显著高于男教师。访谈显示,女教师对教学设计投入时间更多,细节思考更多,课后的反思也就更有内容;女教师对自身的教学行为较为在意,尤其是新手女教师,而相对来说,男教师则对教学的内容更为关注。

(2) 不同教龄教师教学反思能力差异比较

为了更好地分析教龄对民办中小学教师教学反思能力发展的影响,将调查对象分为0—5年(标记为1)、5—10年(标记为2,不含刚好5年)和10年以上(标记为3)三个群体,采用SPSS的单因素方差分析,对存在显著性差异的维度再采用Scheffe两两比较分析差异性。研究发现,在教学反思能力总体方面,5—10年教龄教师的均值最高,并显著高于其他两个教龄群体的教师;10年以上教龄的均值次之,0—5年教龄教师的均值最低,但这两个教龄教师之间的教学反思能力不存在显著性差异。在教学内部反思能力方面,5—10年教龄教师的均值最高,并显著高于其他两个教龄群体的教师;10年以上教龄教师与0—5年教龄教师的均值基本相当,0—5年教龄教师的均值略高一点。在教学外部反思能力方面,教龄越高反思能力也越高,10年以上教龄的均值最高,5—10年教龄教师的均值次之,两者之间没有显著性差异,但都显著高于0—5年教龄教师的均值。具体的调查结果如表3—10所示。

表3-10 不同教龄教师教学反思能力的方差分析

维度	教龄	平均值	标准偏差	F	显著性	差异群体	Scheffe均差值显著性
教学内部反思能力	1	4.037 7	0.367 63	12.932	0.000	2和1	−0.936 87*
	2	4.127 3	0.387 32			2和3	−0.928 03*
	3	4.025 6	0.402 60				

续表

维度	教龄	平均值	标准偏差	F	显著性	差异群体	Scheffe 均差值显著性
教学外部反思能力	1	3.7826	0.35145	4.686	0.043	1和2	-0.26236*
	2	3.9785	0.40263			1和3	-0.28275*
	3	3.9863	0.38792				
教学反思能力	1	3.9708	0.45316	6.566	0.023	2和1	-0.45624*
	2	4.0921	0.47203			2和3	-0.51163*
	3	3.9952	0.38534				

从表3-10可看出,5—10年教龄教师教学反思较为活跃,一方面是经历了适应期后,积累了一定的教学经验,反思也有了更多的内容;另一方面是这个阶段的教师都是各学校的骨干力量,他们对事业的热情较高,对自身的发展也有一定要求。教龄在0—5年的新手教师对学生的学情和教学内容熟悉程度都还不够,教学的反思缺乏比较的对象,略为表面。而教龄在10年以上教师,教学经验较为丰富,教学风格也基本定型,反思内容虽然会比较丰富,但是在反思的意愿方面略为薄弱。部分教师的职业情感不是很高,更是很少会对教学进行深入的反思。教师的代表性访谈摘录如下。

问:和老教师相比较,你觉得你们的教学反思和他们有什么不一样?

T3:我觉我们的反思应该会比他们积极,因为我们第一轮都还没有带完,对内容还不是很熟悉,教学经验啊,对学生的了解啊都还不是很多,所以我们的反思都比较积极。但是有时候我们的反思比较表面,因为我们也不知道怎样做会更好,都是凭自己感觉觉得这里好还是不好,还是比较主观,我觉得在反思的质量上,老教师肯定更高一些。

问:你们这个年龄层的老师应该都是学校的骨干了吧,你觉得在教学反思方面和新教师、老教师分别相比有什么不一样?

T5:所谓的骨干就是干活比较多呗(笑)。我觉和老教师相比,我们这个年龄层的教师工作积极性还比较高;和新教师相比我们相对来说会更胜任一些。所以教学反思方面,我们也是比较积极的,因为大家还是希望能够做点事情。尤其是学校让我主持一些项目,或者负责一些教研活动的时候,我一般会对自己以往的做法进行较为深入的反思,希望能从中得到一些经验分享给大家。

问:这个过程对自己的帮助也会比较大吧?

T5:是的,这也是一个相互促进的过程,就是太累了点(笑)。

对不同教龄民办中小学教师教学反思能力二级维度的比较发现,在教学内部反思能力方面,0—5年教龄教师对教学行为的反思相对较多,而10年以上教龄教师对设计的反思相对较多,5—10年教龄教师在五个二级维度的均值都是三个群体中最高的,尤其关注学情解读和教学设计。在教学外部反思能力方面,0—5年教龄教师的三个二级维度均值都是三个群体中最低的,相对而言关注教学能力较多;5—10年教龄教师关注专业知识相对较多,10年以上教龄教师关注教育理念相对较多。

(3)不同学段教师教学反思能力差异比较

为了了解小学和中学这两个学段教师的教学反思能力是否存在差异,将这两个群体教师的调查结果采用SPSS的独立样本T检验。研究发现,小学教师的教学反思能力在总体上高于中学教师,但不存在显著性差异。在教学内部反思能力方面,小学教师的均值略高,而在教学外部反思能力方面,中学教师的均值略高,这两个群体在这两个一级维度之间也不存在显著性差异。具体结果如表3-11所示。

表3-11 不同学段教师对教学反思能力总体独立样本检验

能力结构	学段	平均值	标准差	显著性
教学内部反思能力	小学	4.0928	0.40352	0.073
	中学	4.0617	0.48277	
教学外部反思能力	小学	3.9812	0.40312	0.162
	中学	4.0053	0.33255	
教学反思能力	小学	4.0632	0.44724	0.096
	中学	4.0203	0.39652	

从表3-11可看出,小学教师的教学反思能力稍高于中学教师,尤其是在教学内部反思能力方面。当然,无论是中学教师还是小学教师,他们的教学内部反思能力都高于外部反思能力。这表明,民办中小学教师最为关注的都是课堂教学。但是,相比

较而言小学教师面对的学生更加多元,小学生知识基础、思维特征和能力表现都差异较大,所以小学教师对课堂教学的反思相较于中学教师更为频繁。而中学生的自我约束能力稍强,同一所民办中学的学生类型差异相对较小,中学生的升学压力也较大,因此中学教师更多反思课堂教学的有效性。教师的代表性访谈摘录如下。

问:相比较民办中学的教师,你觉得你们的教学反思和他们会有哪些不同?

T4:中学生肯定比小学生乖一些了,小学生的差别太大,有的很调皮,有的家长会提前教,或者在辅导班上课,上课时候都要精心设计,否则程度好的学生就会抢答,课堂教学不好开展。这些东西中学老师肯定不需要关注的,但这些是我们教学反思的一个重要内容。

问:相比较民办小学的教师,你觉得你们的教学反思和他们会有哪些不同?

T7:中学生的学习压力肯定比小学生强多了,再说了民办学校对升学率肯定很关注,所以我们平时就思考怎么才能提高学生成绩,小学老师这方面压力小,他们更多关注的应该是怎么培养小学生的习惯,这个可能是小学教师和中学教师反思的区别。

对不同学段民办中小学教师教学反思能力二级维度的比较发现,在教学内部反思能力方面,小学教师和中学教师都没有显著差异。小学教师的学情解读反思能力、教学设计反思能力和教学行为反思能力略高于中学教师。而在教学外部反思能力方面,中学教师在专业知识反思能力方面显著高于小学教师,在教学理念反思能力方面中学教师也稍高于小学教师,而在教学能力反思能力方面稍低于小学教师,但是这两者都不存在显著性差异。

3. 民办中小学教师教学反思能力影响因素

为了更好地分析民办中小学教师教学反思能力的影响因素,从教师、家庭、学校和学生因素四个方面编制问卷进行调查。问卷调查结果显示,学生情况是影响教师教学反思能力最为重要的因素,其次是家庭因素、学校因素和教师因素。具体结果如表3-12所示。

表 3-12 各个影响因素的总体情况

维度	平均值	标准差
学生因素	4.3318	0.50360
家庭因素	4.2321	0.48256
学校因素	4.1637	0.58293
教师因素	4.1399	0.53691

(1) 学生因素分析

教学的过程不仅是教师的教,还要学生参与到学习活动中,因此在教学活动中,教师眼中一定要有学生,学生在课堂中的表现也会影响教师的反思能力。无论是在课中还是在课后,教师都是联系学生与知识之间的纽带,所以说学生给教师的反馈就是教师反思的动力,虽然反思的内容会有不同的地方但是教学反思的本质上都是为了学生更好的发展。而在学生因素中,最为关键的内容分别是学生的课堂表现和学生的作业完成情况。

课堂是学生和教师互动的舞台,而并不是教师一个人的独舞,所以学生在课堂中的参与非常重要,既影响着学生学习的效果,也时刻反馈着教师教学的效果,在这样的双边活动中,教师需要根据学生的反应进行及时的引导,更需要在互动中用批判性的思维发现问题,并且能够运用已有的知识及时解决问题,但是如果这个过程学生持续地不配合、不参与到互动中,那么会大大影响教师的教学反思能力。从访谈中,我们也能深切地感受到学生的课堂表现是影响教师教学反思能力很重要的因素。

学生的作业情况是对教师教学效果最直接的反馈,在教学的过程中,教师会选择通过观察学生作业认真程度以及正确率来检验自己上课的效果。在这个过程中教师会反思教学过程及教学状态,反思自己的教学目标是否达成,反思对学生的学情解读是否正确,所以学生的作业情况是教师发现问题并且找出解决问题途径的源头,更是教师反思的依据。

(2) 家庭因素分析

家庭对教师教学反思能力的影响是间接的,由于家庭牵扯了教师较多的精力,导致他们未能深入反思教育教学过程。对于新手教师来说,新家庭的组建、孩子的出生、父母的照顾都属于家庭结构的变化;对于中年教师来说,父母年纪变大,如果需要同住照顾,也属于家庭结构的变化;对于老教师来说,孩子的婚嫁也属于家庭结构的变化,这些情况都影响着教师的教学反思能力。

除此之外,家庭氛围能够影响教师的教学反思能力,这种氛围往往是由家庭成员制造的,比如说另一半的工作性质,是比较忙碌的,还是比较清闲的,或者是需要不断学习进修的,这些都会直接影响教师的教学反思能力;另外,孩子的中考高考或是更重要的事情都是家庭中非常重要的节点,这些也会影响教师的教学反思能力。

(3) 学校因素分析

反思不仅仅需要教师自己有反思的意识与反思的行动,还需要专业的权威的人士对教师的教学活动和反思进行指点和帮助。因此,教师的反思是依附于环境和氛围的,并且影响着教师的教学反思能力。学校的反思氛围、学校制度和活动以及教学任务等因素都影响教师教学反思能力的提高。

教师的工作实际上是在集体中工作,这样的工作环境必然会对他们的教学产生一定的影响,尤其是课堂以外的工作环境。备课有备课的氛围,反思就会有反思的氛围,如果其他教师觉得反思不是非常重要或者是觉得反思可有可无时,就会影响教师的教学反思能力;另外,学校如果不断地强调教学反思,写反思笔记或是报告以及要检查反思日记时,教师的教学反思能力也会受到影响。

教师在学校中就意味着不可能所有的事情都由自己决定,比如:组织学生参加活动、参加技能培训、执行新的制度等,教师在完成教学任务的同时还有其他很多的活动,无论在时间上还是精力上,教师都会有所分散,那么原本就没有被重视的教学反思更容易被教师忽视。时间对于教师来说是十分宝贵的,尽管现在很多学校提倡以人为本的管理模式,采取弹性坐班制,但大量的教学任务、学生作业的批改工作、班级管理工作以及其他事务性工作已占去了教师所有的上班时间。有时还需要教师把一部分工作带回家做。较大的工作量很难让教师静下心来,仔细深入地进行反思。

(4) 教师因素分析

教师的自身情况是教学反思能力最直接的影响因素,教师自身的知识储备与理论基础属于知识和能力上的因素;教师的个性特征、反思意识以及反思态度这些都属于教师品质方面的因素;教师的职业认同感和效能感,是教师进行教学反思的动力因素,这些都直接影响着教师的教学反思能力，并且能够持续影响。

教师的理论基础和知识储备是经过长期积累而来的，不是一朝一夕可以形成的，这个过程需要教师自我反思的自觉性，更需要有意识的反思。批判性的反思需要教师能发现问题并且提出问题，还要能够运用自身的知识去解决问题，所以教师自身是否具有批判性思维，是否掌握教学反思的相关知识和反思要领都会影响教师的教学反思能力。访谈发现，教师如果能从反思中有收获，就会更加注重反思，而如果由于方法不当，导致反思效果平平就会逐渐淡化反思意识。

每位教师都有自己独立的个性，教师的个性与教学风格有关，同时也会对教师的反思能力产生影响。有的教师注重与学生的交流，与同事的交流，主动观摩优秀教师的课堂教学，具有较强的专业发展意识，这种教师一般也具有较强的反思能力，专业发展也提升较快。反之，个性品质相对内敛的教师，或者上进心不足，缺乏职业认同感和自我效能感的教师，教学反思的内在驱动能力也不足，就难以有效提高教学反思能力。

3.2.4 研究结论与建议

1. 研究结论

通过问卷调查与访谈发现，民办中小学教师的教学反思能力具有以下基本特征。

（1）民办中小学教师的教学内部反思能力和教学外部反思能力基本相当，但是相比较公办中小学教师，民办中小学教师更注重对课堂教学的反思，而且民办学校的工作强度会较大程度限制民办中小学教师的教学反思能力，尤其是教学外部反思能力。

（2）在性别比较方面，女教师的教学反思能力总体虽然略高于男教师，但是并没有达到显著性水平。男教师的教学外部反思能力显著高于女教师，而女教师的教学内部反思能力显著高于男教师。

（3）在教龄比较方面，5—10年教龄教师的教学反思能力最高，并显著高于其他两个教龄群体的教师；10年以上教龄教师和0—5年教龄教师之间的教学反思能力不存在显著性差异。在教学内部反思能力方面，也呈现这种特征，但是在教学外部反思能力方面,教龄越高反思能力也越高,10年以上教龄的均值最高,5—10年教龄教师的均值次之,两者之间没有显著性差异,但都显著高于0—5年教龄教师的均值。

(4) 在学段比较方面,小学教师的教学反思能力在总体上高于中学教师,但不存在显著性差异。在教学内部反思能力方面,小学教师的均值略高,而在教学外部反思能力方面,中学教师的均值略高,这两个群体在这两个一级维度之间也不存在显著性差异。无论是中学教师还是小学教师,他们的教学内部反思能力都高于外部反思能力。但相比较而言小学教师对课堂教学的反思相较于中学教师更为频繁,而中学生的自我约束能力稍强,升学压力也较大,中学教师更多反思课堂教学的有效性,关注教师的专业知识。

2. 研究建议

研究发现学生、家庭、学校和教师自身都会对教师的教学反思能力产生重要影响,其中学生和教师自身是直接影响,家庭和学校是间接影响。在家庭结构和氛围、学校的工作量很难改变的情况下,教师应该从自身入手,提高反思意识,能合理利用时间,以身边或网络上的优秀教师为榜样,反思自身的课堂教学和专业素养。年轻教师,要养成研究教材的习惯,积极主动地与学生沟通,更好地了解知识,更深入地理解学生的认知特征和思维习惯,这些都有利于教师设计和实施更为合理的课堂教学。

此外,学校也要搭建必要平台,激发教师之间的交流,促进教师的教学方式。教师的教学是一个集体的活动,在办公室与同事交流,在班级与学生交流,所以同事的反思氛围会直接影响教师的反思能力,尤其是当看到别的教师没有写过反思日记,没有回看过教学录像视频,没有进行过课前学情的反思但是教出来的学生也比较优秀时,这样的氛围会直接影响教师的教学反思热情和能力;其次,学校也要合理安排教师的教学任务,给教师留下必要的反思时间和空间。访谈发现,一些学校的福利性活动,例如疗养、参观和聚餐研讨等活动,都有助于教师对教育教学进行反思。

3.3 民办中小学教师专业情意特征个案研究

3.3.1 研究背景

教师对职业的情感是影响教师专业活动的重要因素,也是教师实施各种专业行为内驱力的源泉所在。而教师对职业的认识,以及教师自身的职业品格都会对教师的职业情感产生重要影响。如果教师能把教育教学工作当作生命的一部分,有强烈的责任感和认同感,愿意终身奉献于教育事业,那么教师无论是对教育教学活动,还是对自身的专业发展活动都会有极大的热情,能主动去努力并为之坚持。而对于学校或教育主管部门来说,教师队伍建设的关键在于使教师形成自觉、主动发展的习惯,专业情意是教师专业发展的内驱动力和教师持续主动发展的源泉(李琼和董小玉,2021)。在本研究中,将民办中小学教师的职业认识、职业情感和职业品格统称为专业情意,将对其基本特征进行分析。由于民办学校的办学具有一定特殊性,专业情意也具有较强的内蕴性,加上疫情因素的影响,进校调查存在一定难度。因此,本研究采用个案研究,以期能在一定程度揭示民办中小学教师专业情意的特征。

本研究的主要意义可概括为三个方面:对于主管部门来说,通过对民办教师情意研究可以提高民办学校自身对民办小学教师的关注程度,从而采取切实有效的措施提高民办小学的教学质量;而且了解当前民办教师专业情意的现状,并分析当前现状的影响因素,有利于相关部门及时了解民办教师生活工作的总体状况,为他们制定和实施关于民办教师的政策法规等提供可借鉴的理论依据。对于民办学校来说,研究有利于学校管理者更好地了解教师的专业情意情况,增强教师继续教育的成效,为民办中小学的教师培训、文化管理、教师队伍建设提供更有针对性的策略与建议;也可以出台相关管理政策帮助民办教师提高自身对职业的情意,激发教师工作的积极性和主动性,减少专业人才的流失,保证学校教师队伍的稳定性。对于民办中小学的教师来说,由于自身的专业情意将直接影响他们的教学质量和水平,研究可以让他们更为全面了解民办教师的专业情意,为正确认识、反思和定位自己的职业角色提供一定的参考;研究也可以引导民办中小学教师更好地反思,及时对职业目标进行定位,树立终身学习意识,提高专业能力、促进专业发展。

3.3.2 研究设计

1. 研究方法

(1) 文献研究法

文献调查法是结合课题的研究对有关文献进行收集、比较、分析、综合并从中提炼出新的事实与资料的方法。

本研究围绕"民办教师情意"这一主题,查阅相关资料,整理有关的素材,重点对"中国期刊网"近十年来的文献进行检索。运用检索工具查找法和参考文献查找法,通过分析、比较,确定研究内容、界定核心概念、选择研究方法、形成研究框架。在借鉴他人研究的基础上,设计出访谈提纲。

(2) 访谈法

研究民办教师情意,需要了解研究主体的真实想法。本研究采用半结构访谈,从日常关注问题入手,待被访谈对象较为轻松后,再逐步交流到本研究所需要的核心内容,其间也会根据访谈内容进行追问。访谈的核心问题包括如下:

- 喜欢现在的工作环境吗?为什么?
- 喜欢教师这个职业吗?为什么?
- 你觉得与公办学校相比民办学校的教师会有哪些优点和不足?
- 你觉得与其他职业相比民办学校的教师会有哪些优点和不足?
- 你觉得在现有条件下,学校怎样做你会感觉更好?
- 你的职业规划如何?继续干的可能性较大还是换工作的可能性较大?

核心问题是在访谈中一定会提问的,除此之外,民办中小学教师专业情意维度的三个一级维度,九个二级维度都是访谈的重要内容。但是在具体访谈中会几个问题结合起来一起提问,或者采用其他较为通俗的语言表达,其目的在于更好地了解被访谈对象的真实感受。

2. 研究对象

由于精力有限,本研究选取了3个研究对象进行个案研究,其中2位小学教师,1位中学教师;男性1位,女性2位,他们的基本情况如下。

教师A：女性,曾在其他省份有2年的公办小学教学经历,后加入上海崇明的一所民办小学任职2年,现为全日制在读硕士生；

教师B：男性,硕士学历,一直在徐汇区一所民办小学任教,已有6年工作经历；

教师C：女性,硕士学历,一直在嘉定区一所民办中学任教,已有9年工作经历。

3个研究对象与研究者较为熟悉,便于访谈时间和空间的选择,对一些问题也能了解得较为深入。

3. 研究过程

访谈提纲确定后,研究者就与研究对象联系,分别进行了一次较长时间的单独访谈,此后根据内容整理需要,分别对一些细节问题再进行了若干次的交流。其中第一次访谈为面谈,此后几次访谈有面谈也有通过微信进行交流。

3.3.3 研究结论与建议

1. 研究结果与分析

（1）教师对职业的认识还不够全面

职业认识是指教师对所从事职业的价值的基本定位,包括对自身职业的内容、发展前景、责任和权利等方面的了解和理解,是影响民办中小学教师职业情感和精力投入的重要因素。具有深刻职业认识的教师能快速进入角色,高效处理工作中的日常琐事,事半功倍地解决问题。个案研究发现,民办教师对自身职业的认识不够深刻,存在一定片面性。具体表现为对职业目的的认识有所偏向,重心在家长和领导而非学生；对职业内容的认识不够全面,忽略自身成长与参与学校民主管理；有一定程度的职业危机感,但又将其改变因素更多寄托于外因。

- 对民办学校教师职业目的和职业内容的认识片面,存在一定功利性。

受到学校办学机制和雇佣关系等因素的影响,民办中小学教师对民办教师职业目的的认识较为片面,尽管他们都认为教师的职责应该是能较好地促进学生的发展,但是从访谈中可看出,家长和领导是否满意对他们的教育教学活动会有比较大的影响。在职业内容方面,更多关注于课堂教学和课外活动,而对教研活动缺乏关注。

代表性访谈片段摘录如下:

教师A:我觉得民办教师的职业目的带有很强的功利性,教师尤其需要处理好和家长的关系,说白了就是讨好家长,让家长满意。我们都知道,公办教师对学生的成绩还是抓得比较严的,但是我们民办学校打出的口号是让孩子快乐成长,所以我们的课程设置中艺术类课程占很大比重,比如美术、游泳、马术,并且学校还会经常组织各种大大小小的活动,通过公众号、朋友圈等各种形式让家长看到自己的孩子锻炼了各种能力,所以有的时候为了组织活动,我们语文、数学课都要为它让步,我感觉作为一名数学老师,我的工作目标并不是努力地提高学生的学业成绩,而是努力地让家长满意我的教育方式,所以我备课时考虑得最多的就是怎么样设计出好玩有趣的数学活动,这样学生回家才能和家长有得说。

问:你觉得民办学校教师的职业都包含哪些内容?

教师A:在我们学校,音体美的老师比语数英的老师任务重,因为他们要负责组织活动。我呢,作为一名数学老师,主要任务就是一方面备好课,设计一些比较好玩的数学游戏;另一方面是认真批改学生的作业,因为家长开放日的时候,家长是要来学校参观学生作业的,所以如果遇到作业没订正好的情况就尴尬了。其他的就是一些日常活动,比如协助班主任组织春游,家长会的时候和家长沟通。对了,学校还会选一些老师参与招生,我也被安排过几次,这些我觉得都属于职业内容吧,毕竟我们是劳动力,配合学校的日常需要也是理所应当的。

教师B:民办学校最重要的是要让家长觉得孩子送到你这里读"物有所值",中学主要看升学率,我们小学就只能做一些有特色的活动,让家长觉得学生在这里可以学到很多,孩子也很快乐。例如,英语类活动、STEM类活动、项目化学习,还有一些国际性的比赛类,表演类的或大家都有展现机会的活动,这些都是看着比较"高端"的活动,家长的满意度都比较高,领导也满意。

教师C:对于民办学校最主要是要靠成绩说话,每年自招上了几个,中考排名情况怎样,这些都是民办中学最关心的。不然,家长就会不满意。家长有意见了,后面报考的人就少了,民办学校就没生意了,我们也要喝西北风了。

问:你觉得民办学校教师的职业都包含哪些内容?

教师C:我觉得就是课堂教学,当然如果担班主任还要多一个班级管理,和公办教师相比我们的事情单纯一些,什么学习啊、培训啊、填表啊要少很多。在民办学校你如果能把书教好了,其他的几乎都可以不用管。

由此可看出,民办中小学教师对于学校的声誉(本质是生源)看得很重,这本来就是理所当然的。但是,如果以此认为应该取悦家长、取悦领导,那对民办教师职业目的的理解就比较狭隘了。公办和民办学校教师的职业目的应该是一致的,都是为了较好履行教书育人的职责。教师首先关注的应该是学生的有效发展,然后才是间接地让家长和领导也感到满意。对于职业内容的认识也较为片面,更多关注课堂教学和组织学生的活动,对于民办中学来说基本上就是关注学生的学业成绩,而对同事之间的教研活动、自身专业发展、学校的管理与发展方面,关注不够。这种民办学校教师职业目的和职业内容的认识也都带有较强的功利性,不利于学校和教师的长期发展和良性发展。

- 对民办教师职业前景普遍看好。

对于民办教师职业的前景,被访谈对象都表示乐观。虽然现在公办民办统招政策实施后,对民办中小学的招生会造成一定影响,但是民办学校也有自己的特色,有存在的必要性和合理性。新的政策,反而有助于民办中小学的洗牌和改革,让优质民办学校更加突出,淘汰掉一批办学力量不足、口碑一般的民办学校。3位个案研究对象中有2位表示看好民办教师职业,自己也愿意在此岗位继续工作。

代表性访谈片段摘录如下:

教师A:我还是比较看好民办学校的,民办教育作为一股很大的教育力量,国家肯定会越来越关注,以后应该也会出台一些政策,保障民办教师的权益。但是实现的时间还真是说不准,我记得当时在师范的时候,老师讲过,教育投入占国家总投入的4%就实行了好几年,也许在我们看来是很简单的一件事,但是国家毕竟这么大,要综合平衡各项因素,所以要比我们想象中的复杂得多。所以国家要改善民办教育肯定也不是一天两天的事,那又有多少人能等得了。而且说到底,民办教育本来就带有一定的企业性质,肯定以盈利为导向,那改起来肯定比公办教育难度更高、速度更慢,所以我觉得会变好,但是要等,等很久。

教师B:我觉得总体趋势肯定会是越来越好的,因为教育本来就是关系国计民生的事情,随着国家的发展,投入教育的资金也会越来越多。相比较公立学校,民办学校的机制更加灵活,更注重学生的全面发展,可以让学生更好地体验国际性课程。我觉得优质的民办学校肯定还是会很受家长的欢迎。

问:但是现在公办民办统招了,你们学校生源会受到一定影响的吧,会对民办学校教师的前景有影响吗?

教师B:这个政策肯定对民办学校影响比较大,我们学校报名人数就少了很多,但还是不少,说明大家还是认可我们学校。我觉得这个政策对民办学校有利有弊,弊的方面就是生源会受到影响,利的方面是促进我们改革,也让一些地方小、老师少的民办学校关停,我觉得这些学校简直败坏了民办学校的名声。所以总的来说我对民办教师的职业还是比较看好的,至少我目前不会想着离开。

问:不离职和你们学校福利比较好有关系吗?

教师B:(笑)多少有点关系,除此之外是自己比较熟悉现在的工作环境,在这里干得也比较舒服、开心,而且自己小孩也能在本校就读。再说了,人都有惰性,做的还可以也懒得动了,谁能保证换个地方就一定会更好。

教师C:肯定看好民办学校的发展,我觉得公办的办学机制限制太多,这也没有办法,要体现公平。但是如果一个班级里学生基础差异太大,教学效率肯定不高,讲的太难了,差生听不懂,讲的太简单了,对好学生来说是浪费时间,那每次课都这样得浪费他们多少时间啊。但是公办学校你要分好班差班家长肯定不愿意,民办学校在这方面就好多了。可以根据学生层次分班上课,我觉得对所有学生都有利。

问:但是现在公办民办统招了,你们学校也不能选生源了,不一定能保证都是好学生了啊?

教师C:这个确实会有影响,但是民办学校体制灵活还是有办法处理。而且我们中学的文化都是比较鸡血的,大家都这么拼,差生多少会有点影响,实在影响不了的,我们也有办法集中起来给他们需要的教育。我觉得这个是民办学校最大的优势,社会肯定还是需要的。你看需要摇号后,我们这里来报名的家长还是很多的。

从访谈来看,3位研究对象对民办中小学的未来发展都十分看好,尤其是来自目前口碑比较不错民办小学的教师B和民办中学的教师C,他们对本校的发展前景还是比较有信心。这种信心主要来源于民办中小学办学机制的灵活性、教育分层教学的合理性,以及学生核心素养发展的重要性,这些特质都使得民办学校可以与公办学校形成良好互补,民办学校会有较大的社会需求,相应地民办学校教师也会有较好的发展前景。

(2) 民办中小学教师的职业情怀有深浅

教师职业情怀是指民办中小学教师对自身职业角色所持有的情感态度,它以职业认同感为核心,以职业身份的构建为导向,是教师教育行动和教学实践的情感基础。建立一支较高职业情怀的教师队伍是一个学校,尤其是自主经营、自负盈亏的民办学校健康可持续发展的保证。调查发现,公办学校教师与民办学校教师,以及不同民办学校教师之间的职业情感有明显区别。

- 对教师职业普遍有较强的认同感。

研究发现,3位研究对象对教师职业都有较强的认同感。从内部因素来说,他们都比较喜欢教书育人,看到学生的成长会有较强满足感。从外部因素来说,学校的工作机制对他们也比较有吸引力。虽然平时的工作很忙碌,但是教师职业有寒暑假,这使得他们可与家人(主要是小孩)的假期同步。

代表性访谈片段摘录如下:

  教师A:教师在我的眼里是非常崇高的职业。小时候,我就特别喜欢在办家家游戏里扮演老师,给其他的小伙伴们上课。慢慢长大后,我的这种想法更加坚定,因为我是留守儿童嘛,爸妈在我很小的时候就去外地打工了,所以我一直是爷爷奶奶带大的,爷爷奶奶不识字,虽然能把我的生活照顾得挺好,但是心理或是精神层面却教不了我,所以从小我有什么心事都是和老师交流,说到这里,真的很感谢我遇到的几位老师,还记得有一次,我住宿,天气突然降温,爷爷来不及送衣服给我,我们老师看到我穿得特别少,就带我上街买秋衣,可能我现在说起来你觉得还好,但是在我心里,我当时真的感觉到温暖极了,我就想,以后我也要做老师,去给像我这样的留守儿童更多的关爱。

长大后，我确实读师范、做老师。因为这是自己从小的梦想，所以我感觉比我周围的同事有着更高的积极性，付出了更多的时间与精力。在教学上，获得了青年教师基本功大赛一等奖；在教育上，只要远远地看到一群孩子在热情地向其他老师问好，我就知道那肯定是我们班的孩子。所以开教师大会的时候，经常得到领导的表扬，有什么培训比赛，领导也总会想到我，这就更加给我的工作增加了动力！另外，家长们对我也十分尊敬和客气，可能我们乡镇也不太大吧，所以一打听就知道我教得还不错，所以每年新生分班，都会有家长希望把孩子分到我班上。在平时与家长的沟通中，他们都会很赞同我的教育理念，也很相信我的教育能力，所以一般情况下，我提出什么请求他们也都会积极配合。

学校氛围方面也是我很喜欢的。学校还是比较有人文关怀的，平时的节日里都会发一些节礼，虽然不是很贵重，但是还是很开心。特别是过生日的时候，工会会给教师提前预订一个蛋糕，然后我们一般都会在办公室里分一分，共同分享生日的愉悦吧！对了，说到同事，我们同事关系也比较和谐，办公室就像小家一样，每天下午都会点下午茶，一起批作业，一起聊天。遇到谁有特别情况的时候，也会互相帮忙。比如我工作的第一年，第一次当班主任，遇到有个特别调皮的学生不知道怎么教育，同事们就会主动告诉我怎么做，甚至有同事还会帮我教育，现在回想起来，真的挺温暖的。

教师B：在小学里男教师很少，周围的朋友也认为我在小学工作会不会做不好，毕竟男生没有女生这么细心。但是相反，我很喜欢当老师，每次进小学两边同学就喊：老师好；课间进入班级都一大帮人围着我问这问那的，我都特别自豪，特别满足。而且当老师有寒暑假，平时虽然比较忙，但是寒暑假我可以和孩子一起，她妈妈可羡慕啦。

教师C：读书时候选择师范专业就是自己喜欢当老师，我觉得学校的氛围比较单纯，尤其民办学校做好自己的事情就可以了，简单点就是把自己教学工作做好了就可以了，这点我很喜欢。当然，每次看到学生考上好的高中，或者他们毕业后回来看我的时候，我都会很自豪自己是个老师。另外，虽然平时经常加班，或者早晚自习都要早出晚归，但寒暑假可以好好陪娃，带孩子出去走走，这个也是其他职业所不具备的。

由此可见，民办学校教师对于教师职业是具有很高认同感的。从访谈的情绪和语音、语调方面都可以看出他们对教师职业的热爱。当然，本研究的3位对象都是师范生毕业，在民办中小学中还有部分教师是非师范毕业生，他们的职业认同如何还未进一步了解。但是有研究发现(曹栋栋，2019)，如果非师范毕业生主动进入教师职业的，他们的职业情感往往较高，如果是被动进入教师职业的，职业情感有高有低。这些都表明了民办学校教师对教师职业的认同都普遍积极。

● 对民办学校教师职业和所在民办学校教师的认同与民办学校的环境有较强的相关性。

虽然民办学校教师对作为教师普遍感到满意，但是对于其作为民办学校教师的身份是否认同，以及对自己所在民办学校的认可程度并没有存在一致性，通过他们自身情况的陈述，以及对其他民办和公办学校教师的了解，发现这种认同程度与教师当前所在民办学校的职业氛围、工作压力和福利有较大联系。

代表性访谈片段摘录如下：

教师A：我进入民办学校属于计划外的，想来上海工作，又一时半会没有合适的公办学校，就选择一所民办先工作。在进入到民办学校以前，我脑海里浮现的民办学校老师就是捧着一大推资料、急匆匆地走的画面。都说民办教师是受资本主义剥削、压榨的，所以他们肯定比公办教师忙，不过虽然忙，但是他们工资高，应该是多劳多得、看个人选择的。进入到民办学校后，我发现，忙是真的忙，但不是看个人选择，而是学校分配的。比如周末的时候招生，如果安排到你也是要去帮忙的。工资的话，也就是拿到手的工资比较高，绩效啊、五险一金啊什么的几乎是没有。最让我感到意外的是，原来很多比赛民办教师是没有资格参加的。其实我还是比较注重自己平时的专业成长的，以前在公办学校的时候，学校会组织读书会、每个月上交读书笔记或者教学反思；校外也有机会参加研修班、培训班。但是到了民办学校，基本上都是以学生、家长为主体，教师发展不在他们的考虑范围之内，所以这一点，我还蛮失望的。哦对了，民办和公办还有一个很大的不同点在于师资队伍，在公办学校，教师队伍还是比较稳定的，每年就是增加一批新教师、退休一批老教师，大部队是几乎不变的；但是在民办学校，教师队伍就特别不稳定，可能几年里办公室的人要换好几拨。

问：为什么流动性会这么大呢？

教师 A：主要是觉得不稳定，可能中国人都有这种文化氛围吧，觉得还是铁饭碗稳当。

问：其实民办学校工作和在公司企业工作性质是一样的，很多人在公司企业都能安心一辈子，为什么民办学校工作反而会不安心呢。

教师 A：在民办学校，也有比较愿意一直干的老师，比较有流动想法的大多是年轻老师，他们觉得还可以拼一拼。至于为什么觉得有安全感，我觉得主要还是在于他们老是与公办学校教师比，这一比肯定不如人家稳定，不如人家舞台大。

问：什么舞台？

教师 A：比如特级教师啊、教授级教师啊、骨干教师、教坛新秀、各种展示的和比赛的活动等等，都是公办教师比较多，民办教师很少可以参与。

问：这也是你自己离开民办学校的主要原因？

教师 A：是的，我离开不是因为民办待遇不好，其实还可以的，我主要是希望能有更大的事业发展追求（笑）。

教师 B：其实刚工作那几年我也是有想动的想法的，但是领导对我一直不错，学校地理位置也不错，再说那几年一直没有找到比较满意的，现在也就不想走了。

问：干着干着也喜欢了？

教师 B：是的，心态放平了以后，会发现很多事情就会看开，我现在出去都比较自豪自己是个民办学校老师。

问：这个跟你们学校名气比较大有很大关系吧？

教师 B：那是的，只有学校好了，我们出去也有自信，也更认同自己的身份。

教师 C：开始进入民办纯粹是被动的，读书时候根本没有想过会来民办工作。但是，当时没有更好的选择，民办收入较高，这所学校也比较好，这些都是我选择来这里工作的原因。开始签了 5 年，准备 5 年后会走的，但是发现自己过了 5 年后，适应了这里，也喜欢了这里，现在出去也不见得有好的学校，远一点的、差一点的学校当然有，但是觉得没有必要了。

问：也就是对民办教师职业身份和自己现在民办学校教师的身份还是比较认同的？

教师 C：应该是的，准确地说是被动的认同了。以前肯定不怎么想被贴这个标签，后来出去吃饭、逛街很多家长和学生碰到都比较自豪介绍这是我×××学校的老师，慢慢地，我有了满足感，也觉得自己做的事很有价值。现在就比较自主了。

问：那说明你的这个认同和你们学校的声誉很有关系？

教师 C：那是的，我周围几个一般性民办学校的老师，他们对于自己工作学校教师的身份就没我这么坦然。

由此可看出，民办学校的社会声誉是影响他们对民办学校教师身份认同的重要因素。如果学校声誉好，以培养优等生为主的，是家长们宁愿不去有国家补助的公办学校，而是挤破脑袋都想花钱进的学校，那么教师的认同感会比较强。因为这批学生学习热情高，基础好，教师也更有成就感。如果民办学校是另一种类型，生源属于公办学校的后进生，跟不上公办学校的进度，孩子学得痛苦、家长也跟着烦，所以他们干脆来主张快乐成长、没有太多学业负担的民办学校，那么教师的认同感就会比较低，职业的成就感也不高。当然，除此之外教师在学校的工作强度、工作压力和报酬也是影响民办学校教师身份认同的重要因素。每个人要对自己所做的职业认同，都需要一个说服自己的理由，当然如果还有可以说服别人的理由就更好，民办学校如果能创造一些自身的独特优势，例如品牌优势、地理优势、文化优势或者福利优势，那么民办学校教师职业和所在民办学校教师的认同就会比较高，反之如果这些优势都较弱，那么认同也会比较低，教师的流动性就会比较大。

（3）**教师的职业品格都普遍较好**

由于教师的主要工作内容是育人，这对教师自身的道德品质提出了更高的要求，需要教师在校内外都能遵规守纪、体现出正确的价值观和积极的生活态度。但是，他们在教学研究方面的意识较弱，对成为名师、专家型教师的想法比较淡薄，这些都与民办中小学较为聚焦教学、对教师专业发展的支持体系不够完善有关。

代表性访谈片段摘录如下：

教师 A：我觉得民办学校教师的道德品质都不错的，至少会比一般非学校的单位好一些，例如，至少不会在单位内做出比较出格的事情，毕竟给学生看到影响就很不好了。但是，我们这种学校总会有一些相对"粗俗"一些的人，大多是后勤人员或管理人员,有的是董事会人的亲戚,在学校会"嚣张"一些。当然,他们不是老师,但是在学校里面抽烟啊、大呼小叫啊,甚至有时候在办公室脚翘在桌子上,给学生看了就很不好。

教师B:大家都是文化人,素质应该都比较高的,尤其是在校内大家更是注意自己的言行举止,工作时候也都比较努力,要给学生树立榜样的。我们学校学生的家长大多是文化程度较高的,这方面我们领导是十分强调的,对教师的着装也会有要求,不能太随便。

问:像你们这种层次较好的民办学校,大家的职业规划中有成为专家型教师、名师这种的吗?

教师B:别人不知道有没有,反正我是没有的(笑)。我觉得我们和公办学校的教研活动有点割裂开,发表论文啥的学校也不是很鼓励。其实我比较理解,最主要是怕我们如果比赛获奖多了,论文发多了,或者职称评了会跳槽,这也正常。所以,我们更多是在集团内部的活动,可能小愿望就是集团内部的名师(笑)。

教师C:我们同事的学历都不低,不是本科就是硕士,大多来自还不错的高校,所以大家的道德品质都还不错。大家也都知道当老师要重视师德,现在也很强调这方面的内容,所以我们平时都比较注意自己的言行举止。

问:平时参加全区性和全市性的教师活动多吗?有没有成为专家型教师和名师这样的想法?

教师C:这个我从来没有想过,我就想好好工作,平时工作量就已经很大了,然后把小孩带大就好了,名师还是算了吧!我觉得民办学校要出名师和专家型教师会比较困难的,除非外面挖人。因为我们参与全区性和全市性的教师活动很少,更多是集团内部之间的交流。名师和专家型教师要先骨干,然后学科带头人,要有很多上课的获奖、论文之类的,这方面我们都没怎么参与,肯定成不了的。

由此可看出,民办中小学教师的职业品格都普遍较好,除了极个别管理人员,绝大多数的教师都很注重自己的言行举止,都明确自己作为教师,应该具备良好的师德。当然,由于民办中小学的教研活动和教师专业发展平台相对独立,他们的职业发展规划中很少有成为专家型教师和名师的。但是,这并不表示他们缺乏优良的品质,他们的一些耐心、细心和毅力等良好的意志品质更多体现在具体的事务性工作中,而与公办学校教师相比,他们在教师专业方面的自信心和上进心方面会相对弱一些。

3.4 本章小结

本章分别从专业知识、专业能力和专业情意三个维度的某个方面进行研究,以更好地了解民办中小学教师专业素养的基本特征。在专业知识方面,以小学数学教师为研究对象,研究发现在教师专业知识总体方面,民办小学数学教师的基础性数学知识掌握较好,但是关联性数学知识相对薄弱,还未能有效形成网状知识体系,这将会影响知识点相对综合内容的教学。不同群体教师的比较表明,教龄对民办小学数学教师专业知识影响最大,学历对数学教育性知识的影响较大,性别对教师专业知识影响不大,不同群体小学数学教师的基础性数学知识也差异不大。

在专业能力方面,以教学反思能力为研究内容,研究发现相比较公办中小学教师,民办中小学教师更注重对课堂教学的反思,工作强度会较大程度限制民办中小学教师的教学反思能力,尤其是教学外部反思能力。男教师的教学外部反思能力显著高于女教师,而女教师的教学内部反思能力显著高于男教师。5—10年教龄教师的教学反思能力最高,并显著高于其他两个教龄群体的教师;在教学外部反思能力方面,教龄越高反思能力也越高。小学教师对课堂教学的反思相较于中学教师频繁,而中学教师更多反思课堂教学的有效性,更关注教师的专业知识。

在专业情意方面,采用个案研究,研究发现教师对职业的认识还不够全面,具有较强的功利性。民办中小学教师对民办学校的发展前景比较看好,对教师职业也有较强的认同感,但是对民办学校教师职业和所在民办学校教师的认同程度,与所在民办学校的社会声誉有较大联系,也与工作强度、工作压力和报酬有关。民办中小学教师的职业品格都普遍较好,绝大多数的教师都很注重自己的言行举止。由于民办中小学的教研活动和教师专业发展平台相对独立,他们的职业发展规划中很少有成为专家型教师和名师的,教师专业的自信心和成为卓越教师的上进心方面会相对弱一些。

第4章　民办中小学教师专业素养发展的主要路径

教师专业素养是一个复杂的系统，企图通过一两次研究就将民办中小学教师专业素养的基本特征厘清是不现实的。从特殊到一般，从局部到整体，是分析和探索复杂现象的主要方式。因此，本研究将对民办中小学教师专业素养的某一个部分的基本特征进行分析，这可以为其他专业素养特征的分析提供有益借鉴，也可以为后续的深化提供必要参考。本章主要分为民办小学教师专业发展路径调查研究、民办中小学数学教师专业发展路径调查研究、民办小学教师专业知识发展路径调查研究、民办中小学数学教师专业知识发展路径调查研究和本章小结五个部分。

4.1　民办小学教师专业发展路径调查研究

有效的教师专业发展路径可以帮助有关教育管理部门和学校提高教师队伍的质量，在我国日益发展的民办小学教育中，民办小学师资队伍建设成了民办小学发展的重要内容。目前对于促进民办小学教师专业发展路径的研究还很少，相关的民办中小学教师专业发展研究也多是重理论轻实践。本研究将对民办小学教师专业发展路径现状及其影响因素，在不同民办小学教师群体的专业发展路径对比分析下，研究得出促进民办小学教师专业发展的有效路径。为有关教育管理部门、学校和教师如何更好地促进民办小学教师专业发展提供必要参考。

4.1.1 调查背景与理论基础

1. 民办中小学教师专业发展的研究现状

对教师专业发展的研究,从一开始单方面探讨教师专业发展的影响因素逐渐演变为多方面探讨教师专业发展的影响因素,研究趋于全面和具体。这种研究趋势在民办中小学教师专业发展的研究中也类似,学者们多从教师自身因素和学校因素两个方面入手进行研究,在分析视角方面也是从单维到多维。

(1) 单因素论

这种观点认为教师自身专业发展存在众多问题,但主要体现是教师自身主动和被动的问题。例如,王中华(2014)认为民办中小学教师参加培训机会较少。钟帅(2016)通过对民办中学教师的专业发展意识现状的调查,发现了有很多民办学校教师入职是被动的,他们参与校外培训进修活动时间少;而民办中学教师专业发展相对而言自我感觉还比较好,多数教师会选择维持现状。

(2) 双因素论

这种观点主要从学校和教师两个方面进行论述,认为教师自身的专业发展积极性和学校对教师专业发展的支持体系都十分重要。例如,有学者(王坤,2015)调查指出,教师方面的问题主要表现在教师的专业发展缺失目标、教师的专业行动力度不足、教师的职业认同度低;办学者方面的问题主要表现在办学者制订的规章制度过于形式化、办学者的管理风格偏于随性、办学者的组织机构科层制、办学者对教师自身合法权益的忽视。杨倩(2009)认为民办学校的教师专业发展的影响因素有:一是外在的影响,二是教师内在角色因素的影响。外在的促进因素是否对教师专业成长产生影响以及影响的程度如何,取决于教师的自我发展意识。

(3) 多因素论

这种观点主要从两个以上因素来分析民办学校教师专业发展的影响情况,宏观上包括社会、学校和教师,微观上包括教师的知识、能力与学生的评价。例如,杨洁和葛欣(2019)从教师专业发展需求、专业发展障碍和专业发展支持三个角度,勾勒出民办中小学教师专业发展现状,通过自编调查问卷研究得出民办中小学教师在学科教学、学生评价和21世纪教学技能这三方面的需求程度最高;不同发展阶段的教师所感知到的来自家庭、社会和学校的专业发展障碍与支持皆有显著差异。华杨(2007)采用实证研究、比较研究的方法,认为民办中学的教师专业发展与民办教育的快速发展是不相匹配的,从社会、学校、个人三个方面分析影响民办中学教师专业发展的因素,社会因素主要有社会地位、职业吸引力和教师管理制度;学校因素包括学校的性质、校长的观念以及学校的管理制度;个人因素方面有超负荷工作带来的精神倦怠、缺乏学习动机和危机意识。曹利娟(2017)认为政策、环境、教师等三个方面是影响民办中小学教师专业素养的因素,使民办学校教师的专业素养区别于公办学校教师的专业素养。

2. 民办中小学教师专业的发展路径

在民办中小学教师专业发展路径方面,也有一些学者对此进行了探索,主要有以下基本类型。

(1) 从某个方面探讨民办中小学教师专业发展路径

这类研究主要就某一个方面探讨如何更好发展民办中小学教师的专业化水平。例如,陈静和黄建如(2017)就校本培训中提高民办中小学教师专业化水平进行了分析,认为校本培训能够更好地将教师的专业发展和教学实践活动紧密结合,对民办院校教师专业发展起到至关重要的作用;具体举措可包括引进行业资源,增强专家引领;打破院系间的资源壁垒,建立互动机制;加强教师反思,培养教师自主发展。

(2) 从内外在两个方面探讨民办中小学教师专业发展路径

这类研究主要从教师内部和外在支持两个方面提出教师专业发展的实施路径。例如,曾小军(2010)认为,对于教师来说,可以通过强化教育实践能力、教育反思能力和教育研究能力这三方面的培养以提高民办中小学校教师的专业素养;外在保障路径包括政府应着力提高民办中小学校教师的地位、民办中小学校要积极开展对学生及其家长的关系营销、民办中小学校应实施人性化管理、要建立终结性评价和发展性评价有效结合的评价机制、要建立民办中小学校教师在职培训制度、要把学校建设成为学习型组织。

(3) 从国家、学校、教师三个方面探讨民办中小学教师专业发展路径

这类研究将外在支持分为了国家层面和社会层面两个维度,从社会、学校和教师

三个方面探讨民办中小学教师专业发展的路径。例如,华杨(2007)通过借鉴部分发达国家在教师专业发展方面的举措和结合民办中学的特点提出:国家在立法和制度建设方面可以为民办中学的教师专业发展提供保障;学校从实际出发为教师专业发展创造外部条件;教师要具备自我专业发展的意识,进行专业发展的自我更新。杨倩(2009)分别从国家对民办教育的宏观政策、民办学校的外部环境(民办教师的社会地位、培训机构的支持、社会对民办学校教师的认同等)、民办学校内部环境(民办学校的管理与考评制度、校长对教师专业发展的态度、教师自我专业发展意识的觉醒及教师自身观念的转变等)三个方面探究民办教师专业发展的路径。王坤(2015)认为民办中小学教师专业发展的具体路径从微观、中观、宏观概括起来主要有三条:教师自我学习发展之路、课堂为本的发展之路、系统的职业生涯规划发展之路。

(4) 综合视角下探讨民办中小学教师专业发展路径

这类研究从多个视角分析民办中小学教师的专业发展,既有宏观的也有微观的。例如,王中华(2014)从价值观层面、政策层面、学校层面、专家层面、教师层面、社会层面等去寻找有效促进民办中小学教师培训的对策。黄崴和李清刚(2017)以广州市民办学校的"五环"模式为例,认为可借此破解区域民办学校教师专业发展的短板,"五环模式"包括"理念先行""项目引领""团队学习""校本教研"及"绩效评估"五个环环相扣的步骤和流程。杨洁和葛欣(2019)认为促进民办中小学教师专业发展的对策有:加强教师之间协作,回应教师发展目标与需求;加大专业发展投入,激活教师发展热情与动力;对标公办教师福利,优化民办中小学教师资源配置。

3. 文献小结

虽然教师的专业化发展是教育领域关注的热点问题,但是关于民办中小学教师专业发展的研究却还比较欠缺,有关的研究也多集中在对民办中小学教师专业发展出现的问题、影响因素的分析和路径或策略方面,对教师专业发展路径的探索与分析还不多。已有研究结果主要可归纳为以下几个方面。

(1) 学者对民办中小学教师专业发展现状的研究得出的问题多集中在教师和学校两个方面,具体表现为教师自身专业发展的意愿缺乏、动机不纯、目标不明确等;学校忽视教师专业发展,对教师专业发展投入和培训比较少。研究问题多为教师专业发展存在的普遍性问题,缺乏民办教师专业发展的特色、针对性;关于民办教师专业发展现状,虽然已经有个别学者开始关注教师对专业发展的需求程度和教师不同发展阶段的专业支持,但研究内容仍然过于笼统,不够具体和清晰。

(2) 多数学者研究时的切入点不同,但研究结果涉及具体的发展路径或策略却存在一定的相似性、过于宏观、缺乏创新和显示民办特色。

(3) 目前阶段的研究结合民办学校具体实情的研究较少,将民办中学与小学分开研究的颇少,民办中小学教师专业发展多混合在一起研究,并且处于初步探索阶段。

(4) 多数民办中小学教师专业发展的研究重理论而轻实践,调查形式的研究还不多,研究结果的可操作性还不强,这些也都体现了本研究的价值所在。

4.1.2 调查的设计与工具

1. 分析框架和初始量表的确定

通过对民办小学教师和高校的教育研究者的访谈,以及参考相关研究文献,决定从自主性专业发展路径和组织性专业发展路径两个方面分析民办小学教师专业发展路径。其中,自主性专业发展路径包括自主观摩性活动、自主反思性活动这两个二级维度;组织性专业发展路径包括校内常规性活动、校内临时性活动、校外常规性活动和校外临时性活动等四个二级维度,各维度的概念解释详见表 4-1 所示。

表 4-1 民办小学教师专业发展路径初始量表各维度定义

一级维度	二级维度	概念解释
自主性专业发展路径	自主观摩性活动	在没有明确规定和要求的情况下,教师为了更好地提升自己的专业水平,通过自发观摩的方式进行学习专业知识、提升教学技能的活动
	自主反思性活动	在没有明确规定和要求的情况下,教师为了更好地提升自己的专业水平,自发利用资料、同伴交流并反思等方式学习专业知识、提升教学技能的活动
组织性专业发展路径	校内常规性活动	为了提高教师的专业发展水平,学校定期举行的各种各样的校内培训活动、教研活动等等
	校内临时性活动	为了提高教师的专业发展水平,学校不定期组织的各类培训或学习活动

续表

一级维度	二级维度	概念解释
	校外常规性活动	为了提高教师的专业发展水平,教育主管部门定期组织的各类常规培训或学习活动,教研部门(员)定期组织的教研活动等等
	校外临时性活动	为了提高教师的专业发展水平,教育主管部门不定期组织的各类临时性培训或学习活动

根据分析框架,结合访谈,编制了包含32个题目的初始量表,每个二级维度对应3—9个题目不等,每个题目都从频率和效果两方面进行调查,要求被调查对象根据符合程度从1—5中选择一个数值,其中5分表示最符合,1分表示最不符合。为了更好地分析民办小学教师专业发展的影响因素,在访谈基础上,结合文献分析,决定从教师、家庭、学校和社会四个方面进行调查,具体构成如表4-2所示。

表4-2 民办小学教师专业发展路径影响因素各维度定义

维度	概念解释
教师因素	职业认同(职业理想和精神)、工作压力、职业倦怠、个人动机、自我效能感、自我意识、教学经验、教育理念
家庭因素	父母观念、家庭生活、家庭经济
学校因素	师生关系、同事互助和激励、同事合作氛围、管理理念、规章制度、职称评定、绩效管理、资金保障、教学环境
社会因素	资金和津贴、政策法规、媒体宣传、社会地位和评价

根据分析框架,结合访谈,编制了包含30个题目的影响因素初始量表,每个因素对应4—13题不等,被调查对象根据题项内容的符合程度,在1—5中选择一个数值,其中5分表示最符合,1分表示最不符合。

2. 调查量表的检验

为了保障此次调查研究的质量和问卷的信效度等相关科学性,在正式调查之前,首先邀请部分教育研究者对量表进行效度检验,确保题项和维度内容之间的一致性。然后,对部分小学教师群体进行预调查,通过预调查结果的分析,最终形成正式调查问卷。预调查采用网络随机发放问卷的方式,共发放问卷109份,回收109份,回收率

100%,有效问卷 102 份,有效回收率 93.6%。对预调查收回的初始量表进行信效度分析,根据分析结果对两个初始量表进行修订以此确保问卷的信效度,经过检验从而形成正式的调查问卷。

预调查问卷所收集的数据使用 SPSS20.0 进行统计分析。民办小学教师专业发展路径问卷题目以 a1—a32 编码,a1 题目中变量频率以 P1 编码、变量效果以 X1 编码,因此 a1—a32 题目中变量频率对应 P1—P32,变量效果对应 X1—X32;民办小学教师专业发展路径影响因素问卷的题目以 b1—b30 编码。

(1) 内部一致信度分析

分析发现,调查量表的卡隆巴赫内部一致性都在 0.9 以上,而且量表中题目删除后的 Cronbach's Alpha 值均没有大于量表的总体系数值,因此该项检验题目都合格。具体量表的内部一致信度值如表 4-3 所示。

表 4-3 民办小学教师专业发展路径初始量表可靠性统计量

量表	Cronbach's Alpha	项数
发展路径的频率量表	0.971	32
自主性专业发展路径	0.852	6
组织性专业发展路径	0.964	26
发展路径的效果量表	0.975	32
自主性专业发展路径	0.852	6
组织性专业发展路径	0.969	26
发展路径影响因素量表	0.975	30
教师因素	0.910	7
家庭因素	0.933	4
学校因素	0.958	13
社会因素	0.938	6

(2) 共同性分析和因素负荷量分析

将民办小学教师专业发展路径量表分别限定为一个因素即"民办小学教师专业发展路径的频率"和"民办小学教师专业发展路径的效果";将民办小学教师专业发展路

径影响因素量表限定为一个因素即"民办小学教师专业发展路径影响因素感知度"。由 SPSS 共同性分析发现数值在 0.404 和 0.905 之间，均大于 0.2；因素负荷量在 0.542 到 0.898 之间，均大于 0.45。因此，这些项目的分析均未删减题项。

3. 研究对象

本研究对象为上海的民办小学教师，但为了更好地分析其专业发展特征，也将其与上海地区的公办小学教师，以及非上海地区的民办小学教师进行比较。因此，调查对象包括这三个部分的教师群体。调查形式采用线上线下结合的调查方式，线上采用问卷星，填写对象包括上海地区的民办小学教师和公办教师，以及非上海地区的民办小学教师。此外，还采用线下调查的形式，对上海地区部分民办小学教师和公办小学教师进行了问卷调查。调查总共收到有效问卷 295 份，其中上海地区民办小学教师的有效问卷 93 份，非上海地区民办小学教师的有效问卷 81 份，上海地区公办小学教师的有效问卷 87 份。在上海的民办小学教师中，男教师 19 人，女教师 74 人；0—5 年教龄教师 52 人，5—10 年教龄（不含刚好 5 年）教师 25 人，10 年以上教龄教师 16 人；本科及以下学历教师 72 人，硕士及以上学历教师 21 人，具体研究对象如表 4-4 所示。

表 4-4 调查样本基本信息汇总表

内容		人数	内容		人数
学校性质	民办	上海	93	教龄	0—5 年	52
		非上海	81		5—10 年	25
	公办	上海	87		10 年以上	16
性别	男性		19	学历	本科及以下	72
	女性		74		硕士及以上	21

注：性别、教龄和学历中的信息均指上海的民办小学教师

为了弥补调查研究的不足，本研究还选取了 8 位教师进行访谈，其中上海的民办小学教师 6 位，公办小学教师 2 位，具体信息如表 4-5 所示。

表4-5 访谈对象教师基本信息汇总表

教师	性别	教龄	学历	职称	地区	学校
T1	女	0—5年	本科	未评	上海地区	民办
T2	女	0—5年	本科	初级	上海地区	民办
T3	女	0—5年	研究生	初级	上海地区	民办
T4	女	5—10年	本科	中级	上海地区	民办
T5	女	10年以上	研究生	中级	上海地区	民办
T6	男	10年以上	研究生	高级	上海地区	民办
T7	女	5—10年	研究生	中级	上海地区	公办
T8	男	5—10年	研究生	中级	上海地区	公办

4.1.3 调查结果与分析

1. 民办小学教师专业发展路径的总体特征

(1) 民办小学教师专业发展活动的频率一般,但效果还可以

为了了解民办小学教师参加专业发展活动的情况,需对民办小学教师专业发展路径得分均值与理论均值3(表示中等程度的认可态度)进行单样本T检验。分析发现,民办小学教师专业发展活动频率与理论均值3不存在显著性差异,但是活动效果与理论均值3存在显著性差异。这其中,自主性发展路径的频率和效果都高于组织性发展路径,而且自主性发展路径的频率和效果都显著高于理论均值3。这表明,民办小学教师的专业发展方式总体的频率还不是很高,但是专业发展的效果还可以,尤其是教师的自主性专业发展路径。具体结果如表4-6所示。

表4-6 民办小学教师专业发展路径总体单样本检验

路径	频率量表				效果量表			
	M	SD	T	P	M	SD	T	P
自主性发展路径	3.2635	0.82627	2.311*	0.032	3.3523	0.82356	3.091*	0.003
组织性发展路径	3.2352	0.89976	1.923	0.066	3.2526	0.92183	1.941*	0.048
专业发展路径	**3.2423**	**0.85902**	**2.014**	**0.051**	**3.27986**	**0.87655**	**2.211***	**0.027**

注：*表示显著性水平为0.05,**表示显著性水平为0.01,下同

(2) 民办小学教师的专业发展活动频率和效果存在较强正相关

为进一步分析具体路径的频率和效果,研究对六个二级维度的均值与理论均值3进行单样本 T 检验。分析发现,自主反思性活动和校内常规活动无论在频率上还是在效果上都明显高于其他路径,配对检验表明 Sig 值均低于 0.01,达到了统计学上的显著性差异水平,其中自主反思性活动的效果最佳。而自主观摩性活动和校外临时性活动的频率位居最后两位,效果分别位居第五和第六。尤其是校外临时性活动,检验发现频率和效果都显著低于排序第四的校内临时性活动,但是相关性分析和配对检验发现这两种专业发展活动的效果相对频率而言都还不错,之所以在六类专业发展活动的效果中靠后与发生频率较低有关。这些都表明,民办小学教师所参加的专业发展活动频率和专业发展效果存在较强的正相关;民办小学会有一定频率的教师校内常规活动帮助教师专业发展,效果还可以;教师在没有明确规定和要求的情况下,会自发利用资料、同伴交流并反思等方式学习专业知识、提升教学技能的活动,而且效果也还可以;但是在没有明确规定和要求的情况下,教师为了更好地提升自己的专业水平,通过自发观摩的方式进行学习专业知识、提升教学技能的活动还不多;民办小学教师平时参加教育主管部门组织的活动还不多,尤其是临时性的培训和学习活动更少,对教师专业发展的效果也较不明显。具体结果如表 4-7 所示。

表 4-7 民办小学教师专业发展路径二级维度的单样本检验

路径	频率量表				效果量表			
	M	SD	T	P	M	SD	T	P
自主观摩性活动	3.0523(5)	0.99785	−0.334	0.740	3.2010(4)	0.88771	0.956	0.344
自主反思性活动	3.5873(2)	0.84920	4.775**	0.000	3.6256(1)	0.80478	5.096**	0.000
校内常规性活动	3.5921(1)	0.90912	4.613**	0.000	3.5675(2)	0.93425	4.287**	0.000
校内临时性活动	3.1362(4)	0.97253	0.915	0.365	3.1623(5)	0.99352	1.152	0.255
校外常规性活动	3.2105(3)	0.96542	1.538	0.130	3.2102(3)	0.97634	1.386	0.172
校外临时性活动	2.8611(6)	1.09852	−0.908	0.369	3.0224(6)	1.10025	−0.512	0.611

注:括号内系数表示均值从大到小的排序号

访谈结果表明,教师具有较强的专业发展意识,尤其备课时自主搜集资料的频率较高,效果也较好。代表性访谈片段摘录如下。

问：如果从专业发展方面看,除了上课以外,你们平时什么活动最多?

T4：那肯定是自发搜集资料了,随时随地进行。

问：效果如何呢?

T4：效果肯定很好了,像我们这种新教师在上课之前,肯定需要知道别人是怎么教的,会搜集别人的教案和课件。尤其是家长公开课、领导来听课的时候,更是要认真准备。民办教师最重要的目的就是要上好课。搜集资料都是大家自发的,这是他们教学最有用的东西,针对性最强的一个东西,所以也是频率最高的活动。

问：公办教师也需要上好课吧?(笑)

T4：那是,但是公办教师他们已经有一套体系了,老教师或教研组长也会告诉他们应该怎么做,而民办的教材、教学内容、教学形式都相对独立,可参考的材料更少,更需要我们自己去搜集。

访谈发现,不同民办小学的校内教师专业发展活动差异较大,但是学校之间、或者外派参加校外的其他教师专业发展活动都普遍较少。代表性访谈片段摘录如下：

T5：我们学校有规定各种常规性的培训活动,对新教师会多点;而参加外出活动很少,比如外出教材培训(针对一年级数学),不是所有的一年级数学教师都可以参加,会有少量的名额,1—2名数学教师代表参加,有些国培什么的活动基本跟我们就没有多大关系。

T2：学校对新教师的培训还比较重视,尤其是新教师中有一些非师范的,或者专业不对口的,不培训家长肯定会有意见。学校要让老师可以把课堂正常地进行下去,学校正常地运转下去,这一块肯定是需要精心准备的,包括教研组长啊,还是说请一些专家来培训啊,这种学校肯定是愿意花费的,只有这些投入了,老师学到了,才能保证学校可以运转,但是后续的教师提升方面,学校就会不那么投入了,不那么上心了,学校已经运转起来了,家长已经没有太多的反对意见。像外出的一些活动,有的会花费很高,学校考虑经费问题,也是不会有太多这样的活动的。

T1：我的学校很重视教师的自主探究的能力,每周五会有教师培训(内部研讨),学校专门设有教研部,针对每次不同的主题就自己的教学出发一起探讨,以及"四课"说课、磨课、上课、品课。就每个教师自身出发,能及时根据教师自身存在的现状出发,解决当下的卡点,效果更佳。

T6:民办学校有一些校内常规性活动,但都流于形式,没有太大的意义和效果,民办学校都是为了做材料,肯定需要各种教师专业发展的机制,那就包括一些比如读书会、教学反思或其他各种活动,这些材料做起来肯定很好看,但是实际效果不佳。最有用的,从实用的角度出发,还是集体备课最有用,因为它能帮助你上好课,比较实在,针对性更强一些。

T3:我觉得我们学校的教师活动不少,但是真正有效果的不多,课堂教学有关的会好点,比如集体备课时大家都会觉得有收获,尤其是新老师,但是大家平时都比较忙,这类活动不太多,即使有,但时间太短,也讨论不深。外面活动更少了,学校几乎不组织,自己主动去参加有时候很忙了,不想去,况且一些活动还要自己花钱,至少要自己掏路费,更没动力了。而且外面的一些活动与我们学校的活动和要求不一样,学了也不一定有用。

2. 民办小学教师专业发展路径的群体比较

(1) 上海与非上海民办小学教师专业发展路径比较

为了更好地了解上海民办小学教师专业发展路径的基本特征,将从比较不同群体的角度进行分析。通过与非上海民办小学教师专业发展路径的比较发现,上海民办小学教师专业发展的频率和效果显著高于非上海地区。在自主性专业发展路径方面,虽然上海小学教师的频率和效果均值都高于非上海地区,但是都没有达到显著性程度;而在组织性专业发展路径方面,无论是频率还是效果都显著高于非上海民办小学教师。

二级维度的比较发现,上海民办小学教师对专业发展路径的频率和效果认同程度都高于非上海地区。在自主反思性活动和校外常规性活动这两个维度,效果和频率都达到显著性差异的程度。这表明,在内部路径方面上海民办小学教师相对而言较为注重自主性反思,在外部路径方面上海的教育主管部门为民办小学教师创造的常规性活动频率和效果都相对较好。校内的常规性活动和临时性活动,在频率方面没有达到显著性差异程度,但是效果方面存在显著性差异。这表明,上海民办小学的校内专业发展活动效果相对较好。自主观摩性活动和校外临时性活动方面,频率和效果都不存在显著性差异。这表明,上海和非上海地区教师在没有明确规定和要求的情况下,自发观摩活动和教育主管部门临时性培训和学习活动的情况基本一致。具体比较结果如表 4-8 所示。

表4-8 上海与非上海民办小学教师专业发展路径独立样本 T 检验

层面	地区	频率量表				效果量表			
		M	SD	T	P	M	SD	T	P
自主性专业发展路径	上海地区	3.2635	0.82627	1.109	0.201	3.3523	0.82356	1.582	0.157
	非上海地区	3.0760	0.73872			3.1520	0.72667		
自主观摩性活动	上海地区	3.0523	0.99785	0.612	0.216	3.2010	0.88771	0.463	0.623
	非上海地区	2.8889	0.81731			3.0643	0.79542		
自主反思性活动	上海地区	3.5873	0.84920	2.486*	0.037	3.6256	0.80478	2.421*	0.026
	非上海地区	3.2632	0.78865			3.2398	0.78618		
组织性专业发展路径	上海地区	3.2352	0.89976	2.162*	0.045	3.2526	0.92183	2.426*	0.022
	非上海地区	2.9487	0.62248			2.8968	0.63387		
校内常规性活动	上海地区	3.5921	0.90912	1.832	0.089	3.5675	0.93425	2.023*	0.048
	非上海地区	3.3333	0.67684			3.2651	0.70202		
校内临时性活动	上海地区	3.1362	0.97253	1.825	0.067	3.1623	0.99352	2.568*	0.013
	非上海地区	2.8296	0.71247			2.7569	0.70966		
校外常规性活动	上海地区	3.2105	0.96542	2.487*	0.015	3.2102	0.97634	2.729*	0.008
	非上海地区	2.7895	0.82618			2.7456	0.77846		
校外临时性活动	上海地区	2.8611	1.09852	1.301	0.201	3.0224	1.10025	1.829	0.086
	非上海地区	2.6170	0.88806			2.6082	0.86859		
专业发展路径	上海地区	3.2423	0.85902	2.322*	0.042	3.27986	0.87655	2.289*	0.026
	非上海地区	2.9726	0.60420			2.9446	0.60843		

通过对个别教师的访谈,也证实了这一点,教师 T5 先在其他省市民办小学工作,后调入上海的民办小学,对这种差别有较为深刻体会。在访谈中表示,上海的民办小学相对她之前工作的学校会更重视教师的专业发展,不仅教育主管部门会有一些活

动,学校内部的活动也比较有效。而且她目前所在民办小学的家长文化素质还不错,家长和学校都给了教师较强压力,她们平时也比较注重自身专业的提高。代表性访谈片段摘录如下。

问:你在上海和外地的民办小学都呆过,两个地方的教师专业发展活动类型和效果差不多还是有比较大不同?

T5:那差别还是比较大的,现在学校的专业发展活动会更多一些,大家也抓紧一些。

问:能说说为什么吗?

T5:我觉得主要在于地理环境因素吧,上海地区竞争更加激烈,老师有更强的生存意识,比较好的民办学校,末位淘汰制,比较激烈,上海这个城市给人的印象就是难以生存、难以立足的,老师为了更好地在上海立足,更多地去提升自己保证自己不被学校所淘汰。另一方面,为什么这么多人愿意来上海,是因为上海地区的资源好,在上海这里会有比较多的一线学习的机会。我之前的民办学校,大家更关注自己的事情完成了没有,而且我们也不太能请到高水平的老师过来讲学,更多是大家自己研讨,带头的老师水平也一般,讨论几次后我们也不太听他的了。

(2) 上海民办与公办小学教师专业发展路径比较

为了更好地分析民办小学教师专业发展的主要特征,对上海部分公办小学教师进行了调查,两者通过独立样本T检验发现,公办小学教师的专业发展路径无论是频率和效果都显著高于民办小学教师。在自主性专业发展路径方面,公办小学教师的频率虽然高于民办小学教师,但不存在显著性差异,可认为基本一致,但在效果方面则存在显著性差异。在具体的二级维度中,公办小学教师的自主观摩性活动频率和效果都显著偏高;而在自主反思性活动方面,公办与民办小学教师在频率和效果方面都没有显著性差异。结合访谈可发现,公办小学教师相互观摩课堂教学,相互讨论教学心得和体会的情况会多于民办小学教师,自主性团队教学研讨的气氛相对民办小学教师浓厚;民办小学教师由于工作较为忙碌(课时普遍较多)、存在较强的竞争压力,以及同事流动相对较大等因素的影响,自发观摩同事的课堂教学,与同事相互交流教学心得体会等活动相对较少,更多是自身的感悟和反思,这会在一定程度上影响教师专业发的成效。

在组织性专业发展路径方面,公办小学教师的频率和效果都显著高于民办小学教师。从对应的四个二级维度分析中可看出,公办小学教师的校内常规活动、校外常规活动和校外临时性活动的频率都显著高于民办小学教师,但在效果方面只有校外常规性活动和校外临时性的效果显著高于民办小学教师。这表明,公办小学教师的校内常规活动较多,但是在效果上和民办小学教师的校内常规活动没有显著差异。而公办小学教师参加教育主管部门组织的全区性或全市性定期和不定期专业发展活动明显高于民办小学教师,而且专业发展效果也显著较好。具体结果如表4-9所示。

表4-9 民办与公办小学教师专业发展路径独立样本T检验

层面	性质	频率量表				效果量表			
		M	SD	T	P	M	SD	T	P
自主性专业发展路径	民办	3.2635	0.82627	1.223	0.062	3.3523	0.82356	2.582*	0.037
	公办	3.3775	0.83082			3.4983	0.88259		
自主观摩性活动	民办	3.0523	0.99785	3.252*	0.000	3.2010	0.88771	3.0133*	0.003
	公办	3.1898	0.89935			3.4123	0.89256		
自主反思性活动	民办	3.5873	0.84920	1.032	0.227	3.6256	0.80478	0.688	0.229
	公办	3.6125	0.83270			3.6312	0.82165		
组织性专业发展路径	民办	3.2352	0.89976	3.252*	0.028	3.2526	0.92183	3.561*	0.011
	公办	3.3963	0.96782			3.3235	0.88564		
校内常规性活动	民办	3.5921	0.90912	2.063*	0.043	3.5675	0.93425	1.012	0.078
	公办	3.7863	0.86695			3.5802	0.89345		
校内临时性活动	民办	3.1362	0.97253	1.0511	0.213	3.1623	0.99352	0.762	0.823
	公办	3.2522	0.83651			3.1629	0.99230		
校外常规性活动	民办	3.2105	0.96542	2.526*	0.000	3.2102	0.97634	2.122*	0.008
	公办	3.4125	0.86532			3.3773	0.96256		
校外临时性活动	民办	2.8611	1.09852	1.826*	0.035	3.0224	1.10025	1.725*	0.044
	公办	3.0857	0.99216			3.1228	0.92937		
专业发展路径	民办	3.2423	0.85902	3.356*	0.002	3.27986	0.87655	3.0893*	0.006
	公办	3.3889	0.87535			3.3969	0.89693		

访谈发现，公办小学教师的职称制度、人才制度（例如骨干教师和学科带头人）、官方举办的各类比赛制度，对教师的专业发展具有很强的引领作用，也有利于公办学校形成教研氛围，为了学校能获得荣誉，他们往往会为参赛和参选的教师出谋划策。而且，公办小学的师徒制也是教师专业发展的重要路径，一些民办小学没有这种制度，一些学校虽然有师徒制，但是成效一般。代表性访谈片段摘录如下。

问：你在进入公办学校前有几年民办小学工作经历，能否探讨两种类型学校的教师专业发展有没有差异？

T7：差别很大的，民办小学大家相对独立，而公办小学大家对自己的专业发展还比较重视，各种活动也比较多。

问：你觉得这种差异是什么原因造成的？

T7：我觉得各种教学比赛、教坛新秀、骨干教师啊，对大家都有激励作用，还有就是职称也很重要。我发现在民办小学评职称的气氛不浓，那些官方的教学比赛、教坛新秀之类的，都没怎么看到学校宣传，应该是不鼓励大家去。

问：你们学校或区市教育学院组织的教研活动多吗？和教师专业发展有关的活动也都算。

T8：还比较多的，教研组的教研活动就比较多了，还有新教师培训，教研员组织的学习和观摩活动、各位大咖的讲座等等，还是很多的。

问：效果如何？大家都愿意参加吗？

T8：本学科有关的活动大家还是比较愿意参加的，效果也不错；但是一些各学科都要参加的活动，效果往往比较一般。

问：大家发展专业的意识强烈吗？

T8：那还是比较强烈的，尤其是新教师，都希望能成为名师、专家级教师。

问：怎样才能成为大家心目中的名师和专家级教师？

T8：这个我也说不好，但是我觉得首先要有高级职称吧，然后头衔啊、奖项啊一大堆（笑），当然如果有标志性课堂就更好了，就是在一些公开课中被广泛认可的。

问：也就是评上职称、参加各种比赛和头衔的竞争对大家还是很有激励的？

T8：那是的，学校也很鼓励大家为学校争荣誉。

此外,将民办小学教师按照性别、教龄(5年为界)和学历(本科为界)分别分成两个群体进行比较,发现都没有显著性差异,可认为民办小学教师专业路径的性别、教龄和学历差异不显著,因此本文不再赘述。

3. 民办小学教师专业发展路径的影响因素分析

从教师因素、家庭因素、学校因素和社会因素四个方面,对民办小学教师专业发展的影响情况进行调查,发现它们都会对教师的专业发展产生重要影响。单样本检验发现,与理论均值3都存在显著差异,影响程度从高到低的因素分别为教师因素、学校因素、社会因素和家庭因素。具体结果如表4-10所示。

表4-10 民办小学教师专业发展路径影响因素各层面单样本检验

层面	项数	理论中值	M	SD	T	P
教师因素	7	3.00	3.6056	0.89958	4.566**	0.000
学校因素	13	3.00	3.5569	0.82102	4.600**	0.000
社会因素	6	3.00	3.3551	0.93202	2.584*	0.013
家庭因素	4	3.00	3.3261	0.92627	2.388*	0.021
影响因素	**30**	**3.00**	3.4971	0.77990	4.323**	**0.000**

配对检验发现,教师因素与社会因素、家庭因素都存在显著性差异,学校因素与家庭因素存在显著性差异。这些都表明,教师自身对民办小学教师职业的认识、情感和专业发展意识是影响民办小学教师专业发展的最大因素;学校的规章制度、待遇、工作强度和氛围等也是影响民办小学教师专业发展的重要因素;而家庭因素虽然也影响较大,但是相对次要。具体结果如表4-11所示。

表4-11 民办小学教师专业发展路径影响因素配对样本检验

因素	均值	标准差	t	Sig.(双侧)
教师因素—家庭因素	0.27950	0.68393	3.772***	0.000
教师因素—学校因素	0.04873	0.62379	0.530	0.599
教师因素—社会因素	0.25052	0.95842	2.773**	0.003
家庭因素—学校因素	-0.23077	0.52121	-3.003**	0.004
家庭因素—社会因素	-0.02899	0.84678	-0.232	0.817
学校因素—社会因素	0.20178	0.58076	2.357*	0.023

访谈结果也印证了以上调查的结论,代表性访谈片段摘录如下。

　　T4:我觉得教师自身因素、学校因素会大一些,家庭影响的话,大家都是成人嘛,都是自主选择就业。社会影响因素也会低一些,因为大家没有说特别在意学校处在一个什么样的社会地位,只要学校给的工资高就可以了,反正我是挣钱嘛,要立足要生活或生存,这份工资可以让我过上比较好的生活,那就好了。

　　T2:应该是自我发展意识,教师专业发展的内在驱动力影响会比其他大,民办学校虽然科研没有硬性的指标,但是学校是有绩效的,教师的工资和教学直接联系的。如果教得好也可能会提升到教研组长,不过教研组长也只有一个,那么表现得好很大程度上可以得到领导的信任,会争取到外出培训学习的名额和机会。

　　T1:应该是团队的学习氛围,这个我感受很深,像我师傅是教研组长,在他的带领下,我们数学团队会比英语和语文发展得好,经常受到领导的肯定,比如英语团队,教研组长自身就是一位新教师,从一群新教师里面选取的组长必定也是新教师,氛围、发展意识、集体活动肯定是没我师傅搞得好,在我师傅的带领下,我们组肯定也是优于其他组的,领头羊很重要,整个团队的氛围更重要。

　　T3:那我认为是媒体环境,我们校长平时也会做很多的媒体宣传,就比如腾讯会来采访他,会宣传我们的学校和我们学校的教师,这样有利于学校的招生。媒体是一个很直接的手段,包括现在同事们都会在微信群,发一些有关学校组织活动的小视频,也是通过这种媒体的形式去宣传学校和教师的,这个是会让家长直接了解到学校是什么样的,不管是朋友圈还是校长的采访,这种媒体的宣传可能效果会更立竿见影一点,宣传了教师对学生的关爱、呵护。虽然家长也会去了解这个学校的名气什么的,但更多的家长还是会相信和了解自己亲眼所见的,教师随手转发的孩子们的活动啊,或者校长理念的采访,这些是可以自己看到和听到的,这些影响大一点,媒体的形式是比较直观的。

　　T5:对于我来说,家人的支持情况和家人期待影响比较大,我会觉得有了家人的支持,我的投入精力也有了保证,内心也有了动力,就是我不一定非要在公立学校工作,我一定要做好才能对得起他们的期待和在家庭工作中的付出。

4.1.4 调查结论与建议

1. 民办小学教师专业发展路径的基本特征

通过调查研究,发现民办小学教师的专业发展存在以下基本特征。

(1) 自我反思和校内常规活动是民办小学教师最为主要的专业发展路径,专业发展的效果也较好。

(2) 上海民办小学教师专业发展的频率和效果普遍好于非上海地区,主要体现为教师的自我反思意识较强,教育主管部门也会给予一定的引导和支持。

(3) 与公办小学教师相比较,上海民办小学教师的教学观摩活动和同事之间的专业发展交流还有待进一步深入;如果民办小学能鼓励教师参与职称、人才和各类教师比赛等活动,会有效促进民办小学教师的专业发展。

(4) 民办小学教师的职业认识是影响专业发展的最主要因素,学校制度和氛围的影响位居其次,社会对民办学校的关注位居第三,家庭的影响位居第四。

2. 民办小学教师专业发展的建议

根据专业发展路径的基本特征,可从以下方面提升民办小学教师专业活动的有效性。

(1) 通过强化职业认识,帮助教师建立恰当的民办小学教师职业观和专业发展观,通过教育情怀的树立和教学效能感的提高,激发教师自身的专业发展意识。

(2) 以机制为保障,文化为媒介,逐步建立民办小学教师专业发展共同体,能相互观摩教学、相互交流,在互帮互助中推进教师的专业发展;也需要建立退出机制,清退专业活动懈怠和专业不达标的教师。

(3) 教育主管部门要强化对民办小学教师专业发展的监管,积极推动民办小学教师参与本地区群体性的教师专业发展活动,以有效保障教育教学质量。

4.2 民办中小学数学教师专业发展路径调查研究

数学是中小学的基础性学科,教师的数量也相对较多,对上海的民办中小学数学教师专业发展路径进行调查研究,可在一定程度上揭示上海民办中小学教师专业发展路径的基本特征,也可为其他学科教师专业发展路径的研究提供必要参考。

4.2.1 调查背景与理论基础

无论是从教师专业发展的内容或是目的出发,都将教师专业发展看作是向着更高水平的教师专业化发展的过程,是教师自身成长和提升的过程。而当教师专业发展与具体某一学科结合,则更具备学科特点,内容更加具体化。数学教师的专业发展不仅需要数学教师掌握充分的教育理论知识,同时需要在专业发展过程中理解数学本质、传递数学思想、提升数学教学能力和数学科研水平,从普通的数学教师,成长为优秀的数学教育工作者(王子兴,2002;曾峥,2003)。

由于方式的多样性和实际状况的复杂性,对于教师专业发展的研究路径或模式存在较大差异。但是无论何种发展路径,不变的是教师专业发展的本质。研究内容中也体现出研究者从推动教师专业发展的动机出发,致力于提升教师的专业素养,在专业发展的模式上进行了多角度的探索。对于新时期数学教师而言,教师专业发展路径更加注重实践性知识的学习,将学习成果代入实践场,采取校本研修与网络研修相结合的形式,促进中小学数学教师思维经验和活动经验的形成及提升全员参与的深度和广度,采取"线上+线下"模式促进教育成果转化,促进教师专业发展路径的实现(郭炯等,2016;廖晶等,2017)。在目前的教师专业发展影响因素研究中,无论是二因素说、三因素说还是多因素说,本质无非个人环境因素和组织环境因素两点。总体来看,以外部组织环境因素为基点进行研究的相对较多,对教师个人专业发展影响因素的论述相对较少,而对于具体学科的教师专业发展影响因素的研究更比较缺乏。

总体来说,目前对民办中小学教师专业发展的研究还不多,对某个学科民办学校教师专业发展路径的研究更少。学者们一般采用定量与定性相结合的方法,对于民办教育及民办教师的现状、存在的问题以及相应的对策进行深入探究,大多从宏观、中观及微观的角度进行探索,立足于教师专业发展的不同环境,提出社会、学校及个人在推动教师专业发展方面需要做出哪些努力(马艳丽等,2019;黄崴等,2017)。因此,从教师专业发展路径角度对民办中小学数学教师进行研究是十分必要的,对于更好地了解上海民办中小学教师专业发展路径也有重要意义。

4.2.2 调查的设计与工具

1. 分析框架和初始量表的确定

通过对民办小学教师和高校的教育研究者的访谈,以及相关研究文献的参考,发现有关数学教师专业发展路径的研究一般按照教师专业发展路径的来源分为教师自身、学校、各级教育行政部门三个方面,但是学校及其他教育行政部门所提供的专业发展路径,一般按照组织活动的安排情况,可分为常规性活动和临时性活动。因此本研究从教师自主性活动、校内常规性活动、校内临时性活动、校外常规性活动以及校外临时性活动等五个维度,对上海市民办中小学数学教师的专业发展路径进行调查研究。各维度的主要内涵如表 4-12 所示。

表 4-12 民办中小学数学教师专业发展路径初始量表各维度定义

维度	概念解释
教师自主性活动	在没有明确规定和要求的情况下,民办中小学数学教师为了更好地提升自己的专业水平,自发通过各种方式,来提高自身的专业化水平
校内常规性活动	为了提高教师的专业发展水平,学校定期举行的各种各样的校内培训活动、教研活动等等
校内临时性活动	为了提高民办中小学数学教师的专业发展水平,学校不定期组织的各类培训或学习活动
校外常规性活动	为了提高民办中小学数学教师的专业发展水平,教育主管部门定期组织的各类常规培训或学习活动、教研部门(员)定期组织的教研活动等等
校外临时性活动	为了提高民办中小学数学教师的专业发展水平,教育主管部门不定期组织的各类临时性培训或学习活动

根据表 4-12 的分析框架,编制相应调查问卷。问卷的主体由 39 题组成,其中每个维度分别对应 5—12 题不等,分别从频率和效果两个方面进行调查。问卷采用李克特 5 点法,对于数学教师参加各项活动的次数,教师自认为该项内容几乎没有参加选择 1,参加次数较少的选择为 2,参加次数一般的选择 3,参加次数较多的选择 4,参加次数很多的选择 5;对于数学教师参加各项活动的效果,教师自认为几乎没有效果的选择 1,效果有限的选择 2,效果一般的选择 3,效果较明显的选择 4,效果很好的选择 5。得分越高,表示教师参加该项活动后对自身专业发展的效果越明显。

此外,还从教师因素、家庭因素、学校因素和社会因素四个方面对民办中小学数学教师专业发展的影响因素进行调查。一共编制了 32 题,每个维度对应 4—16 题不等,其中学校因素较多,设置了 16 题。问卷也采用李克特 5 点发,教师认为没有影响的选择 1,影响较小的选择 2,影响程度一般的选择 3,影响程度较大的选择 4,影响程度很大的选择 5。

2. 调查量表的检验

分析发现,三个调查量表总体的卡隆巴赫内部一致性都在 0.970 以上,而且量表中题目删除后的 Cronbach's Alpha 值均没有大于量表的总体系数值,因此该项检验题目都合格。具体量表的内部一致信度值如表 4-13 所示。

表 4-13 民办中小学数学教师专业发展路径量表可靠性统计量

量表	Cronbach's Alpha	项数
发展路径的频率量表	0.970	39
教师自主性活动	0.893	12
校内常规性活动	0.934	9
校内临时性活动	0.945	7
校外常规性活动	0.895	5
校外临时性活动	0.932	6
发展路径的效果量表	0.973	39
教师自主性活动	0.905	12
校内常规性活动	0.933	9
校内临时性活动	0.950	7
校外常规性活动	0.900	5
校外临时性活动	0.943	6

续表

量表	Cronbach's Alpha	项数
发展路径影响因素量表	0.972	32
教师因素	0.882	7
家庭因素	0.862	4
学校因素	0.959	16
社会因素	0.917	5

3. 调查对象

本研究对象为上海的民办中小学数学教师,调查形式采用线上线下相结合的调查方式,线上采用问卷星,线下采用纸质调查问卷填写。最后回收有效问卷102份。其中民办小学数学教师48份,民办初中数学教师42份,民办高中数学教师12份。

为弥补问卷调查的不足,随机选取了4所学校的4位民办中小学数学教师进行访谈,基本情况如表4-14所示。

表4-14 访谈对象的基本信息

编码	性别	教龄	学历	所处学段	职称	职位
A教师	女	3年	研究生	中学	初级	普通教师
B教师	男	11年	本科	中学	中级	教研组长
C教师	男	6年	本科	小学	初级	普通教师
D教师	女	1年	研究生	小学	未评	普通教师

4.2.3 调查结果与分析

1. 民办中小学数学教师专业发展路径的总体特征

为了了解民办中小学数学教师参加专业发展活动的情况,需要对民办中小学数学教师专业发展路径得分均值与理论均值3(表示中等程度的认可态度)进行单样本 T 检验。分析发现,民办中小学数学教师专业发展活动频率和活动效果与理论均值3都存在显著性差异。这表明,民办中小学数学教师的专业发展方式总体的频率和效果都还可以。具体结果如表4-15所示。

表 4-15 民办中小学数学教师专业发展路径总体单样本检验

路径	频率量表				效果量表			
	M	SD	T	P	M	SD	T	P
教师自主性活动	3.3515	0.88104	3.722**	0.000	3.3879	0.87648	4.128**	0.000
校内常规性活动	3.7637	0.98987	7.196**	0.000	3.6577	1.01315	6.055**	0.000
校内临时性活动	3.3842	1.11091	3.226**	0.002	3.2956	1.12945	2.441*	0.017
校外常规性活动	3.4782	1.08750	4.101**	0.000	3.3770	1.08967	3.227**	0.002
校外临时性活动	3.3295	1.14317	2.688**	0.009	3.2912	1.15867	2.344*	0.021
专业发展路径总体	3.4654	0.87613	4.954**	0.000	3.4173	0.89928	4.329**	0.000

配对检验发现,校内常规性活动的频率和效果都显著高于其他四类专业发展活动,这表明校内常规性活动是民办中小学数学教师最为重要的专业发展活动。从表4-15还可发现,虽然教师自主性活动的频率仅位居第四位,但是效果位居第二位;校内临时性活动的频率虽然还不少,位居第三,但是效果一般,校内和校外临时性活动的效果较为接近,都显著低于其他三类专业发展活动的效果。为更好地了解具体活动的频率和效果,按照从高到低将位列前十的活动列表,具体如4-16和4-17所示。

表 4-16 民办中小学数学教师专业发展路径最为频繁的十项活动

序号	具体活动	所在维度	均值	标准差
1	自发去搜集与所教内容有关的资料	教师自主性活动	4.10	1.100
2	作为新教师,参加学校组织的各类学习活动	校内常规性活动	4.06	1.165
3	自发与同伴进行教学的交流	教师自主性活动	4.02	1.089
4	学校定期组织的教师各类校内听评课活动	校内常规性活动	3.97	1.136
5	学校定期组织的教师各类校内集体备课活动	校内常规性活动	3.85	1.196
6	学期初,学校组织的教师新学期各类教育活动	校内常规性活动	3.80	1.209
7	邀请区和市专家参加的各类常规性听评课活动	校内常规性活动	3.77	1.188
8	学期初,学校组织的教师新学期集体备课活动	校内常规性活动	3.76	1.239
9	自发参加其他有助于本人专业提升的活动(如关注公众号,订阅报刊等)	教师自主性活动	3.75	1.296
10	学校为新教师举办师徒结对或类似的活动	校内常规性活动	3.75	1.260

从表4-16和4-17中可看出,民办中小学数学教师专业发展活动频率和效果具有较强正相关,频率最高的十项活动中有九项的效果位居前十,只有"学期初,学校组

织的教师新学期各类教育活动"的活动效果被"自发观摩他人的教学视频"活动效果取代。这也表明，教师自主专业发展活动和校内常规性专业发展活动对民办中小学数学教师专业发展的重要性。

表4-17　民办中小学数学教师专业发展路径效果最佳的十项活动

序号	具体活动	所在维度	均值	标准差
1	自发去搜集与所教内容有关的资料	教师自主性活动	3.98	1.023
2	自发与同伴进行教学的交流	教师自主性活动	3.94	1.060
3	作为新教师，参加学校组织的各类学习活动	校内常规性活动	3.87	1.237
4	学校定期组织的教师各类校内听评课活动	校内常规性活动	3.79	1.143
5	学校定期组织的教师各类校内集体备课活动	校内常规性活动	3.76	1.210
6	自发观摩他人的教学视频	教师自主性活动	3.68	1.126
7	邀请区和市专家参加的各类常规性听评课活动	校内常规性活动	3.67	1.254
8	学期初，学校组织的教师新学期集体备课活动	校内常规性活动	3.64	1.276
9	自发参加其他有助于本人专业提升的活动（如关注公众号，订阅报刊等）	教师自主性活动	3.63	1.286
10	学校为新教师举办师徒结对或类似的活动	校内常规性活动	3.61	1.333

访谈结果也印证了以上调查的结论，代表性访谈片段摘录如下：

问：你觉得你所参加哪种活动对你的专业发展帮助比较大呢？

A教师：主要还是学校的数学教研活动还有区里组织的活动吧，很多活动都是提前安排好的，比如两周一次，一个月一次这样。自己主动参加的别的活动还是比较少的，主要是没有时间，自己也没有方向。

B教师：我们学校临时性的数学活动也会有，比如说数学的专题研讨活动啊，讲座啊，学校会请校外的老师，比如数学论文写作方面的专家、资深的老师都会给我们作讲座。个人的话，暑假学校也会推荐参加全国的数学教学比赛，老师有兴趣就可以参加。

C教师：我觉得还是跟数学组长交流的效果更好一点吧，还有学校有经验的老师，他们会给我更具体更实际的指导，毕竟是同事，比较了解我的情况，有问题也能及时得到解决，对实际数学教学的帮助比较大。

A教师：学校每双周会进行一次数学教研，安排老师上课，听评课，会有固定的数学专家到学校指导,数学专家的点评指导还是值得学习的,会有很多前沿的数学教学思想,比如单元教学设计之类。

D教师:数学课之前备课的时候自己就会去查很多资料,也会跟同年级的数学老师交流,这个我觉得自己提升挺快的,主要是目的比较明确,自己就有动力去做。

C教师:民办学校对做教科研这块气氛不是很浓厚,参加各类教学比赛也比较少听说,其实如果有参加的话对自己提高肯定很有帮助,但是投入太多没精力,而且感觉获奖概率也不高,大家基本上就不会主动参加了。

2. 民办中小学数学教师专业发展路径的群体比较

(1) 男性和女性中小学数学教师在活动频率上没有显著差异,但存在某些效果差异

将男女教师分为两个群体,进行独立样本 T 检验,发现民办中小学数学教师在专业发展频率方面不存在性别差异,其中女教师参加校内常规活动频率略高于男教师,其他活动都是男教师参加频率稍高,但是男女教师的参加频率基本一致,都没有达到统计学上的显著性差异。但是,在活动效果方面,男教师自认为要高于女教师,尤其是在校外常规性活动和校外临时性活动方面还达到了显著性差异的程度。这表明,相对而言民办中小学的男数学教师参与校外专业发展活动的收获更高。具体结果如表4-18所示。

表4-18 民办中小学数学教师专业发展路径独立样本 T 检验

路径	性别	频率量表				效果量表			
		M	SD	T	P	M	SD	T	P
教师自主性活动	男	3.443 5	0.919 34	0.668	0.506	3.589 3	0.938 14	1.486	0.141
	女	3.307 9	0.866 89			3.292 4	0.836 97		
校内常规性活动	男	3.730 2	1.114 98	−0.217	0.829	3.710 3	1.066 31	0.332	0.741
	女	3.779 7	0.934 53			3.632 8	0.995 36		

续表

路径	性别	频率量表				效果量表			
		M	SD	T	P	M	SD	T	P
校内临时性活动	男	3.5918	1.23731	1.204	0.232	3.5867	1.15361	1.674	0.098
	女	3.2857	1.04238			3.1574	1.10073		
校外常规性活动	男	3.6571	1.04259	1.058	0.293	3.7143	0.94348	2.024*	0.046
	女	3.3932	1.10670			3.2169	1.12482		
校外临时性活动	男	3.5000	1.07152	0.958	0.341	3.6726	0.98286	2.160*	0.034
	女	3.2486	1.17582			3.1102	1.19890		
专业发展路径总体	男	3.5723	0.93253	0.783	0.436	3.6456	0.91643	1.647	0.103
	女	3.4146	0.85159			3.3090	0.87810		

(2) 小学段和中学段数学教师在活动频率上没有显著差异,但存在某些效果差异

为了更好地了解不同学段民办学校数学教师专业发展路径的差异,将其分为小学和中学两个群体,因为高中数学教师样本数较少,将其与初中数学教师结合,统称为中学数学教师。需要说明的是,由于上海是"5+4"学制,因此小学段只有1至5年级的数学教师,6年级数学教师归入中学段。分析表明,在专业发展路径的频率方面,民办小学数学教师在教师自主性活动、校内临时性活动和校外临时性活动这三个方面高于民办中学数学教师,在校内常规性活动和校外常规性活动低于中学数学教师,但是都不存在显著性差异;在专业发展路径的效果方面,教师自主性活动、校内常规性活动、校内临时性活动和校外临时性活动这四个方面的专业活动效果与频率正相关,而且在校外临时性活动方面还存在显著性差异,但是校外常规性活动的效果与频率存在负相关。

这些都表明,民办小学数学教师的校外常规性活动和临时性活动虽然不多,但是效果还不错,教育主管部门和教研员等所开展的若干常规性或临时性活动对民办小学数学教师的专业发展有重要的促进作用。此外,民办小学数学教师对专业自主发展的意识较强,而民办中学数学教师的校内常规性活动开展相对较多,这些自主活动和校内常规活动也很好地促进教师专业的提高。具体结果如表4-19所示。

表 4‑19　民办中小学数学教师专业发展路径独立样本 T 检验

路径	学段	频率量表				效果量表			
		M	SD	T	P	M	SD	T	P
教师自主性活动	小学	3.4627	0.92018	1.037	0.303	3.5066	0.90862	1.113	0.269
	中学	3.2653	0.84893			3.2959	0.84865		
校内常规性活动	小学	3.7076	1.07956	−0.464	0.644	3.6140	1.07190	−0.352	0.725
	中学	3.8073	0.92345			3.6916	0.97507		
校内临时性活动	小学	3.5150	1.11775	0.967	0.336	3.4887	1.01703	1.413	0.161
	中学	3.2828	1.10637			3.1458	1.19824		
校外常规性活动	小学	3.4737	1.02448	−0.034	0.973	3.4842	0.95931	0.806	0.422
	中学	3.4816	1.14449			3.2939	1.18399		
校外临时性活动	小学	3.5395	1.11058	1.520	0.132	3.5833	1.06666	2.112*	0.038
	中学	3.1667	1.15269			3.0646	1.18674		
专业发展路径总体	小学	3.5418	0.91091	0.715	0.477	3.5371	0.86026	1.095	0.276
	中学	3.4061	0.85292			3.3244	0.92645		

（3）不同教龄中小学数学教师在活动频率和效果上都没有显著性差异

将民办中小学数学教师按照教龄 5 年以内，教龄 5—10 年和教龄 10 年以上分为三个群体，通过方差分析显示，无论在专业活动的频率上还是效果上，他们都不存在统计学上的显著性差异。通过对均值的比较发现，在专业活动频率方面，0—5 年教龄的教师最高，10 年以上教龄的教师次之，5—10 年教龄的教师最低。0—5 年教龄教师教师自主性活动、校内临时性活动、校外常规性活动和校外临时性活动这四类的频率都位居第一，校内常规性活动的频率位居第二。10 年以上教龄教师校内常规性活动的频率位居第一，教师自主性活动、校内临时性活动和校外常规性活动的频率位居第二，校外临时性活动的频率位居第三。在专业活动效果方面，10 年以上教龄教师最高，0—5 年教龄教师次之，5—10 年教龄教师最低。0—5 年教龄教师在五类活动中都位列第二。10 年以上教龄教师在五类活动的效果中都位列第一。而 5—10 年教龄教师在全部五类活动的效果中都位列第三。具体数值如表 4‑20 所示。

表 4-20 不同教龄民办中小学数学教师专业发展路径调查结果汇总表

路径	教龄	频率量表			效果量表		
		M	SD	排序	M	SD	排序
教师自主性活动	0—5 年	3.434 9	0.834 07	1	3.369 8	0.864 71	2
	5—10 年	3.270 0	1.081 27	3	3.230 0	0.976 66	3
	10 年以上	3.330 6	0.759 51	2	3.538 9	0.802 51	1
校内常规性活动	0—5 年	3.836 8	0.913 63	2	3.590 3	1.044 39	2
	5—10 年	3.573 3	1.110 04	3	3.462 2	1.070 40	3
	10 年以上	3.844 4	0.974 60	1	3.892 6	0.913 68	1
校内临时性活动	0—5 年	3.477 7	1.081 66	1	3.245 5	1.227 42	2
	5—10 年	3.165 7	1.161 81	3	3.080 0	1.151 07	3
	10 年以上	3.466 7	1.110 97	2	3.528 6	0.988 43	1
校外常规性活动	0—5 年	3.618 8	1.061 17	1	3.393 7	1.123 92	2
	5—10 年	3.384 0	1.084 62	3	3.240 0	1.069 27	3
	10 年以上	3.406 7	1.138 04	2	3.473 3	1.094 79	1
校外临时性活动	0—5 年	3.494 8	1.161 27	1	3.296 9	1.326 42	2
	5—10 年	3.246 7	1.200 04	2	3.133 3	1.074 75	3
	10 年以上	3.222 2	1.092 76	3	3.416 7	1.052 05	1
专业发展路径总体	0—5 年	3.568 1	0.880 99	1	3.390 2	0.988 81	2
	5—10 年	3.332 3	0.986 05	3	3.243 1	0.908 09	3
	10 年以上	3.466 7	0.784 27	2	3.591 5	0.782 47	1

这些都表明,民办中小学数学新手教师的专业活动频率相对较频繁,专业活动的效果也还可以,尤其注重自主专业发展活动。而 5—10 年教龄教师存在一定程度的懈怠,专业活动的频率和效果都相对较差。10 年教龄以上教师,对民办中小学教师职业认识更为深刻,不仅心态较稳定,而且由于教学感悟更深,专业活动的效果也更佳。他们在教师专业发展活动中,不仅扮演听众,也要成为新手教师的导师,成为输出者。对于听众的角色,他们会由于经验和体会更深刻,往往对专业活动理解更深刻,能更有效转化;对于主讲者的角色,他们为了更好地完成指导工作,需要对自身的经验进行归纳总结,这些过程可以促进自身的经验的升华,在指导过程中自身专业化水平也得到了

提升。

访谈结果也印证了以上的调查结论,代表性访谈片段摘录如下。

B教师:我是教研组长,需要组织大家进行教研活动,所以我需要自己先搞清楚,也需要理一个指导的思路,我觉得在这些过程中我也学到了很多,很多事情我以前只要做就可以了,现在还能说出"为什么"。

C教师:对于我们这个年龄层的老师来说有点尴尬,教学经验有一点,专业活动不需要全部参加,一些活动参加了也只要听听就好,有的老师还有想走的想法,对于专业提高肯定不会太投入。

问:为什么10年以上教龄教师参加的专业活动比较多,好像效果也还不错。

C教师:他们要么是领导了,要么也没有更好去处了,心态会更稳一些,而且他们有的还要讲课的,跟我们肯定不一样。

问:那也就是心态更好一些,投入更积极一些,这些专业活动对自己帮助会更大?

C教师:那肯定的。

问:那你们既然都知道这些怎么心态不调整一下,活动时候更认真一些?

C教师:(笑),唉,道理都懂,但有时候也情不自禁,我觉得和周围的气氛有点关系吧,当然个人关系更大。我以后努力啊!(笑)

4.2.4 调查结论与建议

1. 民办中小学数学教师专业发展路径的基本特征

通过调查研究,发现民办中小学数学教师专业发展存在以下基本特征:

(1) 民办中小学数学教师专业发展活动的频率与效果具有较强正相关,活动频率最高和效果最好的活动分别来自教师自主专业活动和校内常规性活动,这表明教师自身专业发展主动性和校内常规专业活动对民办中小学数学教师专业发展具有重要作用。

(2) 民办中小学女性数学教师的专业发展活动频率略高于男性教师,但不存在显著性差异,在活动效果方面也基本一致,只有在校外专业活动效果方面,男性教师显著高于女性。

(3) 民办小学和中学数学教师的专业活动频率不存在显著性差异,专业活动效果上小学数学教师的校外临时性活动效果显著高于中学数学教师,其余维度则不存在显著性差异,这表明,民办小学数学教师的校外常规性活动和临时性活动虽然不多,但是效果还不错。民办小学数学教师对专业自主发展的意识较强,而民办中学数学教师的校内常规性活动开展相对较多,这些自主活动和校内常规活动也很好地促进了教师专业的提高。

(4) 不同教龄分析表明,民办中小学数学新手教师的专业活动频率相对较频繁,尤其注重自主专业发展活动。5—10 年教龄教师存在一定程度的懈怠,而 10 年教龄以上教师,由于心态更好,教学经验更丰富,也常需要指导新手教师,导致他们在专业发展活动中能取得更好的效果。

2. 民办中小学数学教师专业发展的建议

根据教师专业发展路径的基本特征,可从以下方面提升民办中小学数学教师专业活动的有效性:

(1) 注重教师自主专业活动的引导,让教师树立较强的自主反思意识,并能通过经验分享或指导,让教师掌握科学有效的反思措施。

(2) 强化校内常规性专业活动,研究表明,教师参加校内常规性专业活动相对较多,但是效果与频率的比值并没有自主性专业发展活动突出,这需要民办中小学将校内常规性专业发展活动精致化,不必设立很多活动类别,但要注重活动的有效性。

(3) 构建必要机制,消除 5—10 年教龄民办中小学数学教师的职业倦怠,让他们树立更为积极的职业发展观。例如可在个别专业活动中,参与对新手教师的指导,让他们更好地明确自身的角色和责任。

4.3 民办小学教师专业知识发展路径调查研究

4.3.1 调查背景与理论基础

教师有效教学所需要的知识是教师专业的重要组成部分，是教师区别于其他专业的重要标志，也被称为教师知识。教师的专业知识都是怎样生成的，哪些因素对教师专业知识的生成会产生影响，又分别有着怎样的影响，这些都是教育所关注的热点问题之一。由于个体差异性，教师专业知识的生成路径也就比较纷繁复杂，我国教师队伍中既包括师范生也包括非师范生，师范生与非师范生在入职前所受到的教师专业方面的教育是不太一样的，这就导致他们的专业知识生成途径也不太一样。就算在入职之后，每位教师对于自己专业知识的提升也都各不相同，有些教师借助于自己多年的经验积累来提升和丰富专业知识；有些教师善于自己钻研，经常参加教研活动、研究优质课。教师各种各样提升自身专业知识的形式往往使得教师专业知识水平参差不齐，这就需要系统地去调查，到底哪些途径对教师专业知识的生成影响较大，为今后培养教师的过程中提供更多科学有效的方法。

随着学者们对教师专业知识研究的深入，民办学校教师专业知识的生成路径也应被重视。调查民办小学教师职业不同阶段其专业知识生成路径有何差异，不同群体民办小学教师专业知识生成路径有何特点，能够发现目前民办小学对于小学教师的培养有何不足之处并及时提出改善建议，能在一定程度上解决整体民办教师专业发展的渴求，且间接提升民办小学办学质量，促进国家基础教育事业的进一步发展。

要研究民办小学教师专业知识的发展路径，首先需要对教师专业知识有较好的认识。但是，目前对民办小学教师专业知识的专门研究还不多，鉴于公办与民办教师专业内涵具有较强一致性，本研究在对教师专业知识内涵和结构探讨过程中，对教师专业知识的研究文献进行总体分析，并未区分公办与民办。在教师专业知识内涵和结构的研究中，美国学者舒尔曼（Shulman）和鲍尔（Ball）的研究较有影响力。舒尔曼

(Shulman,1987)认为教师教学所需要的知识应该包括学科内容的知识(Content Knowledge)、一般的教学法知识(General Pedagogical Knowledge)、有关学习者及其他们特点的知识(Knowledge of Learners and Their Characteristics)、课程的知识(Curriculum Knowledge)、教学内容知识(Pedagogical Content Knowledge)、有关教育环境的知识(Knowledge of Educational Contexts)和有关教育目标的知识(Knowledge of Educational Ends)等七个方面。鲍尔等人(Ball 等,2008)认为教师知识可以分为学科内容知识(Subject Matter Knowledge,简称 SMK)和教学内容知识(Pedagogical Content Knowledge,简称 PCK)两个部分,其中学科内容知识方面包括一般内容知识(Common Content Knowledge,简称 CCK)、专门内容知识(Specialized Content Knowledge,简称 SCK)和水平内容知识(Horizon Content Knowledge,简称 HCK)三个部分;而教学内容知识方面包括了内容与学生的知识(Knowledge of Content and Students,简称 KCS)、内容与教学的知识(Knowledge of Content and Teaching,简称 KCT),以及内容与课程的知识(Knowledge of Content and Curriculum)三个部分。

范良火(2003)也对教师专业知识进行了研究,认为教师专业知识可分为课程知识(Pedagogical Curricular Knowledge,简称 PCrK),指包括技术在内的教学材料和资源的知识;教学的内容知识(Pedagogical Content Knowledge,简称 PCnK),指表达概念和过程的方式的知识;教学的方法知识(Pedagogical Instructional Knowledge,简称 PIK),指关于教学策略和课堂组织模式的知识。辛涛和申继亮等人(1999)把教师专业知识分为本体性知识、条件性知识、实践性知识和文化知识。刘清华(2004)认为教师专业知识可分为一般性教学法知识、学科内容知识和学科教学知识等三类。由此可见,有关教师专业知识的分类虽然较为多样,但是可归结为"教什么"的知识和"怎么教"的知识这两个方面,即教学内容方面的知识和教学策略方面的知识。

4.3.2 调查的设计与工具

1. 分析框架和初始量表的确定

根据研究的理论基础,将民办小学教师专业知识生成路径初始量表按照教学内容知识和教学策略知识两大维度划分,其中教学内容知识分为学科基础性知识、学科横向知识、学科纵向知识等三个部分,教学策略知识分为教学要求知识、学生认知知识、设计与实施教学知识等三个部分。具体内涵和构成如表4-21所示。

表4-21 民办小学教师专业知识构成和内涵

一维	二维	内涵与要求
教学内容知识（教什么）	学科基础性知识	教科书中的学科知识、课程标准中要求的该学段学科知识,以及解答该学段常规性题目所需要的学科知识
	学科横向知识	有关学科内部知识点之间、本学科与其他学科之间相互联系的知识
	学科纵向知识	学科知识点的发展过程、学科思想方法方面的知识
教学策略知识（怎么教）	教学要求知识	有关课程标准、各级教育主管部门、教科书对本学段学科知识的教学要求的知识
	学生认知知识	对学生学习特点、能力和思维方式的认识,以及身心发展过程中特定的教学内容如何与学生联系的前瞻性知识
	设计与实施教学知识	有关教育学、教育心理学、教育技术等方面的知识,教育一般性规律知识,教学设计知识,信息技术知识,教学组织与反思的知识

在发展路径方面,根据相关研究文献和访谈结构,并结合因素分析,从入职前的学习与感悟、入职后的自我学习与反思、入职后的实践与反思、入职后的集体学习与反思等四个方面,归纳了15种路径,具体构成如表4-22所示。

表4-22 民办小学教师专业知识生成路径维度划分表

一级指标	二级指标
入职前的学习与感悟（5项）	学生时代学科教育等相关课程的学习
	学生时代学习经验的总结
	入职前所参与的相关教育见习、实习等实践经历
	入职前观摩学科有关公开课
	入职前学校组织的新教师培训
入职后的自我学习与反思（3项）	入职后自主阅读学科有关的专业书刊、论文及教辅资料等
	入职后进行自己所教科目科研论文的写作
	入职后根据自己的教学反思整理课后小结与札记
入职后的实践与反思（4项）	入职后每次常规授课结束后的自我反思
	入职后常规课的教学实践
	入职后参加市、区或学校组织的展示课以及公开课
	入职后经验丰富的教师观摩您的教育教学实践,并给予指导

续表

一级指标	二级指标
入职后的集体学习与反思 （3项）	入职后学校针对学科组织的专业培训 入职后参加市、区学科有关的学术会议、讲座等 入职后参与教研组的集体备课与研讨

根据上述分析框架,编制调查量表,量表共有 $6 \times 15 = 90$ 题,每个二维的专业知识类别分别对应 15 个生成路径。调查类型采用李克特 5 点计分法,要求被测对象根据自身体会,该路径对这种专业知识影响最大为 5 分,影响较大为 4 分,影响一般为 3 分,影响较小为 2 分,影响最小为 1 分。得分越高说明教师对于问卷中教学知识生成路径的认可程度越高,反之则越低。

2. 调查量表的检验

在预调查之后,采用临界比检验、相关性分析和同质性检验,发现所有题项均符合要求。因此,成为了正式量表,量表的 Cronbach's Alpha 值为 0.997,内部一致性度很好,可以实施调查。具体量表的内部一致性信度分析值如表 4-23 所示。

表 4-23 民办小学教师专业知识发展路径量表可靠性统计量

量表	Cronbach's Alpha	项数
学科基础性知识	0.977	15
学科横向知识	0.973	15
学科纵向知识	0.974	15
教学要求知识	0.977	15
学生认知知识	0.979	15
设计与实施教学知识	0.976	15
量表总体	0.997	90

3. 调查对象

本研究的对象为上海的民办小学教师,调查形式采用线上线下结合的调查方式,线上采用问卷星,线下采用纸质调查问卷,最后回收有效问卷 92 份。为了从比较中更好地了解上海民办小学教师专业知识发展情况,对上海公办小学教师进行了调查,收到有效问卷 73 份;对非上海地区民办小学教师进行了调查,收到有效问卷 89 份。

为弥补问卷调查的不足,随机选取了来自不同学校的3位民办小学教师进行访谈,基本情况如表4-24所示。

表4-24 访谈对象的基本信息

编码	性别	教龄	学历	所教学科	职称
A教师	女	2年	研究生	数学	初级
B教师	女	8年	研究生	音乐	中级
C教师	女	6年	本科	数学	初级

4.3.3 调查结果与分析

1. 民办小学教师专业知识总体发展路径基本特征

调查发现,在入职前的学习与感悟、入职后的自我学习与反思、入职后的实践与反思和入职后的集体学习与反思在四个路径中,入职后的实践与反思对民办小学教师专业知识的发展影响最大,配对检验表明,该项活动的影响程度显著高于其他类别。入职后的集体学习与反思对教师专业知识的影响排列第二,并显著高于入职前的学习与感悟和入职后的自我学习与反思,后两者分列第三和第四位,它们之间并没有显著性差异。由此可发现,民办小学教师专业知识的发展路径可以分为三个层次,最为有效的路径为入职后的实践与反思,有效性位居第二层次的路径为入职后的集体学习与反思,而入职前的学习与感悟和入职后的自我学习与反思位居第三层次。具体调查结果如表4-25所示。

表4-25 民办小学教师专业知识发展路径均值表

路径	专业知识总体		教学内容知识		教学策略知识	
	M	SD	M	SD	M	SD
入职前的学习与感悟	3.7027(3)	0.83360	3.7425(2)	0.86251	3.6729(4)	0.87256
入职后的自我学习与反思	3.6992(4)	0.86783	3.6871(4)	0.86913	3.7269(3)	0.94425
入职后的实践与反思	3.8609(1)	0.96885	3.8200(1)	0.97581	3.8918(1)	0.89240
入职后的集体学习与反思	3.7440(2)	0.92612	3.7344(3)	0.95325	3.7535(2)	0.89237

注:括号内数字为该知识生成路径均值从高到低的排序号

而在具体的一级维度专业知识中,各种发展路径的有效性存在差异。在教学内容知识维度,入职后的实践与反思依然是最为有效的专业知识发展路径,也显著高于其他三类路径;但是,入职前的学习与感悟和入职后的集体学习与反思分列第二、第三位,它们之间没有显著性差异,但都显著高于入职后的自我学习与反思。这表明,在教学所需要的内容知识方面,入职前的学习与感悟起到了重要作用。在教学策略知识维度,入职后的实践与反思属于有效性的第一层次,第二层次的为入职后的集体学习与反思和入职后的自我学习与反思,第三层次则为入职前的学习与感悟。这些都表明民办小学教师在入职后的教学实践与对教学的反思是专业知识发展的最有效路径,入职后的集体学习与反思对教师教学内容知识和教学策略知识的生成也都具有重要作用。但是入职前的学习与感悟和入职后的自我学习与反思在教师专业知识生成方面侧重点有所差异,前者对教学内容知识较为关注,而后者对教学策略知识的生成较为有效。总体来说,它们在民办小学教师专业知识的发展中影响程度相对较弱。具体层次示意如图 4-1 所示。

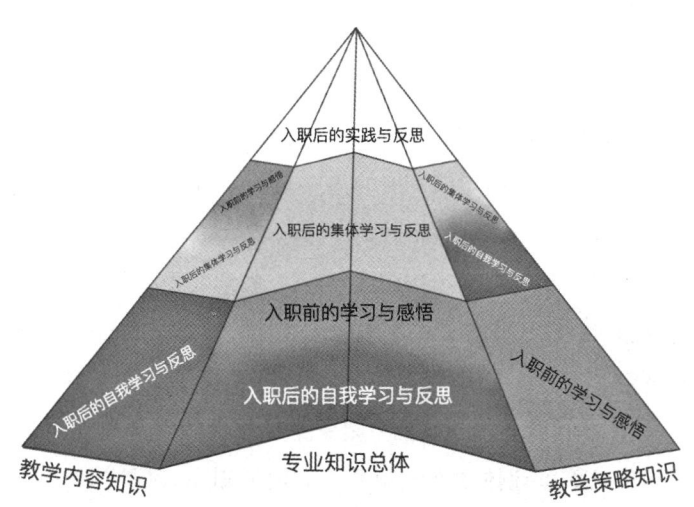

图 4-1 发展路径效果层次示意图

2. 民办小学教师专业知识二级维度发展路径基本特征

为了进一步分析民办小学教师在教学内容知识和教学策略知识的具体发展情况,

分别对其二级维度进行分析。通过 SPSS 的均值分析发现,在教学内容知识方面,民办小学教师的学科基础性知识主要来自入职前的学习与感悟,入职后的自我学习、实践与反思也会对学科基础性知识的丰富起到重要作用,而入职后的集体学习与反思对学科基础性知识发展的影响相对较小。而对于学科横向知识和学科纵向知识,教师则更多来源于入职后的实践与反思,其次是入职后的集体学习与反思,入职前的学习与感悟和入职后的自我学习与反思对其影响相对较小。这表明,民办小学教师的学科基础性知识主要来源于职前学习,而学科联系性知识主要来源于入职后的反思和研讨,尤其是自身实践后的反思。具体结果如表 4-26 所示。

表 4-26 民办小学教师教学内容知识发展路径均值表

路径	学科基础性知识		学科横向知识		学科纵向知识	
	M	SD	M	SD	M	SD
入职前的学习与感悟	3.8702	0.83541	3.6513	0.84548	3.6751	0.78371
入职后的自我学习与反思	3.7822	0.86654	3.6463	0.87778	3.6367	0.87580
入职后的实践与反思	3.7881	1.03127	3.8472	1.01550	3.7960	1.00803
入职后的集体学习与反思	3.6796	0.95643	3.8025	1.00090	3.7137	0.98913

在教学策略性知识方面,入职后的实践与反思是民办小学教师教学要求知识、学生认知知识和设计与实施教学知识发展的主要来源。而入职前的学习与感悟对教学策略性知识三个二级维度的影响都相对较小。入职后的自我学习与反思对教学要求知识和学生认知知识的影响较大,但对设计与实施教学知识的影响相对较小。入职后的集体学习与反思对教学要求知识的影响较大,对学生认知知识和设计与实施教学知识的影响也有一定影响。这表明,民办小学教师在入职前对教学策略性知识发展的效果相对不明显;入职的自我学习与反思主要集中在教学的要求和学生认知方面;入职后的集体学习与反思更多地体现在教学要求方面的知识,对具体怎么教方面也有讨论,但是还不够深入;而入职后的实践与反思对教学策略性知识发展的效果较为明显,尤其是在学生认知知识方面。具体结果如表 4-27 所示。

表4-27 民办小学教师教学策略知识发展路径均值表

路径	教学要求知识		学生认知知识		设计与实施教学知识	
	M	SD	M	SD	M	SD
入职前的学习与感悟	3.6875	0.87095	3.6500	0.87988	3.6813	0.88114
入职后的自我学习与反思	3.7938	0.93799	3.7329	0.96992	3.6550	0.95696
入职后的实践与反思	3.8882	0.97912	3.9215	0.97963	3.8813	0.94263
入职后的集体学习与反思	3.8013	0.97131	3.7396	0.90294	3.7256	0.90294

访谈结果也印证了以上调查的结论,代表性访谈片段摘录如下。

问:你上课所需要的知识主要怎么来的?

A教师:我觉得主要是工作中积累,教学的锻炼对我帮助很大,刚工作时我觉得每次上课都比同事进度快,多出来时间就练习,但后面考试成绩不太理想,后来我明白主要原因是我对学情了解不够,随着经验的增加,慢慢熟悉了起来,对每次课要讲哪些内容,难度怎样也更清楚了。

问:大学所学的课程都没什么帮助吗?

A教师:那也不是,我们会比很多非师范的上手快,就说明大学学的还是有用的。比如小学数学的内容,我们会比非师范的了解的更细一些,还有教学设计,我们普遍要规范一些。

问:像你这种刚工作不久的新老师,平时要自己学习一些知识吗?

A教师:当然要啊,尤其是教学要求方面的,以前还不熟悉,现在要上网看看别人的课件、大纲,借鉴模仿也是一种学习。

问:你上课所需要的知识主要是怎么来的?

B教师:我们这类艺术课,艺术的知识主要来自以前学习,但是艺术课要怎么上,肯定要教过几年才知道。

问:教研活动对你教学所需要的知识有帮助吗?

C教师:肯定有的,大家一般讨论怎么上学生才能更好懂,对大家很有帮助的,尤其是新老师会很有收获。

3. 民办小学教师专业知识发展路径的群体比较

(1) 上海与非上海民办小学教师专业发展路径比较

将上海地区民办小学教师与非上海地区民办小学教师的专业知识发展路径进行比较,发现在入职前的学习与感悟、入职后的自我学习与反思和入职后的实践与反思这三个路径上不存在显著性差异,但是在入职后的集体与学习与反思方面,上海地区显著高于非上海地区。具体如表 4-28 所示。

表 4-28 民办小学教师专业知识发展路径均值表

路径	地区	M	SD	T	P
入职前的学习与感悟	上海	3.7027	0.83360	−0.430	0.671
	非上海	3.7109	0.92361		
入职后的自我学习与反思	上海	3.6992	0.86783	0.293	0.553
	非上海	3.6835	0.89745		
入职后的实践与反思	上海	3.8609	0.96885	0.522	0.237
	非上海	3.8023	1.02216		
入职后的集体学习与反思	上海	3.7440	0.92612	2.079*	0.048
	非上海	3.6681	0.98572		

通过对专业知识的一级和二级维度进行比较分析发现,在教学内容知识维度方面,上海和非上海民办小学教师的差异情况和教师专业知识总体的差异情况一致。但是在对应的三个二级维度知识中,存在一些差异。其中,在学科基础性知识方面,上海和非上海地区民办小学教师在四个路径都不存在显著性差异;在学科横向知识方面,入职前的学习与感悟和入职后的自我学习与反思这两个路径不存在显著性差异,但是入职后的实践与反思和入职后的集体学习与反思这两个路径中上海地区要显著高于非上海地区;在学科纵向知识方面,入职前的学习与感悟、入职后的自我学习与反思和入职后的实践与反思这三个路径不存在显著性差异,但是入职后的集体学习与反思路径中上海地区显著高于非上海地区。在教学策略知识方面,上海和非上海地区民办小学教师在入职前的学习与感悟和入职后的实践与反思这两个路径不存在显著性差异,但是在入职后的自我学习与反思和入职后的集体学习与反思这两个路径中存在显著

性差异,在对应的三个二级维度知识中,上海和非上海地区民办小学教师的发展路径也存在一些差异。其中,在教学要求知识方面,两个地区民办小学教师在这四个路径都不存在显著性差异;在学生认知知识方面,入职前的学习与感悟和入职后的实践与反思这两个路径不存在显著性差异,但是在入职后的自我学习与反思和入职后的集体学习与反思这两个路径存在显著性差异;在设计与实施教学知识方面,两个地区民办小学教师的发展情况与教学策略知识总体特征一致。

由此可见,在入职以后上海地区民办小学教师的自我学习、实践和教研活动对教师专业知识的影响相比非上海地区民办小学教师要大一些,尤其是在学科知识的联系性方面、对学情的理解方面,以及学科知识该如何更好教学方面。其主要原因主要有两个方面:一是上海地区民办小学教师的竞争和压力相对非上海地区要大一些,教师的自我要求要稍高一些,危机意识也更强一些;二是上海地区的教研活动资源相对丰富,无论是高校中的教育研究者,还是小学的教研员和名师接触都较为便利,而且在上海举办的教研类活动也相对较多,既形成了一定的教研氛围,也便于民办小学教师的学习。

(2)上海民办与公办小学教师专业发展路径比较

将上海的民办小学教师与公办民办小学教师专业知识发展路径进行比较,发现在入职前的学习与感悟和入职后的实践与反思这两个路径,两类教师不存在显著性差异,在入职后的自我学习与反思和入职后的集体学习与反思这两个路径,都存在显著性差异。具体如表4-29所示。

表4-29 民办与公办小学教师专业知识发展路径均值表

路径	性质	M	SD	T	P
入职前的学习与感悟	民办	3.7027	0.83360	−0.673	0.430
	公办	3.7238	1.02517		
入职后的自我学习与反思	民办	3.6992	0.86783	2.328*	0.039
	公办	3.8361	1.03581		
入职后的实践与反思	民办	3.8609	0.96885	1.021	0.137
	公办	3.9279	1.02216		
入职后的集体学习与反思	民办	3.7440	0.92612	2.687*	0.032
	公办	3.9872	1.08387		

通过对专业知识的一级和二级维度进行比较分析发现,在教学内容知识维度方面,民办小学教师在入职后的集体学习与反思路径显著低于公办小学教师,其他三个路径不存在显著性差异。在对应的三个二级维度知识中,民办和公办小学教师发展路径的差异性特征也不一致。其中,在学科基础性知识方面,民办和公办小学教师在四个路径都不存在显著性差异;在学科横向知识和纵向知识方面两个群体的差异性一致,他们在入职前的学习与感悟和入职后的实践与反思这两个路径不存在显著性差异,而在入职后的自我学习与反思和入职后的集体学习与反思这两个路径中民办小学教师要显著低于公办小学教师。

在教学策略知识方面,民办和公办小学教师的差异性和教师专业知识的差异性特征一致,他们在入职前的学习与感悟和入职后的实践与反思这两个路径不存在显著性差异,但是在入职后的自我学习与反思和入职后的集体学习与反思这两个路径中存在显著性差异。在对应的三个二级维度知识中,民办和公办小学教师发展路径的差异性特征也有所不同。其中,入职前的学习与感悟路径对民办和公办小学教师策略性知识三个二级维度知识的影响都基本一致,但是入职后的实践与反思路径对公办小学教师教学策略性知识三个二级维度知识的影响都显著好于民办小学教师。这表明,民办和公办小学教师在入职前的知识储备基本一致,但是在入职后,公办学校的校内集体教研活动会更加深入一些。入职后的实践与反思路径对民办和公办小学教师的教学要求知识和学生认知知识影响没有显著性差异,但是公办小学教师的设计与实施教学知识发展更为显著。而入职后的自我学习与反思路径对民办和公办小学教师的对学生认知知识影响没有显著性差异,但是公办小学教师的教学要求知识和设计与实施教学知识发展更为显著。

由此可见,虽然公办小学教师在入职前的专业知识均值要稍好于民办小学教师,但不存在显著性差异,这种差异与民办小学中有一定比例非师范专业毕业的教师有关,由于他们最初没有当教师的意识,使得他们在入职前也没有有意识地对学科知识的纵向和横向联系进行思考。在入职后,民办和公办小学教师也都十分注重教学实践与反思,但是受到公办小学教研气氛相对浓厚,经验丰富教师数量相对较多和民办小学教师的工作更为忙碌等因素影响,民办小学教师在入职后的自我学习与反思和入职后的集体学习与反思这两个方面对教师专业知识影响的效果相对差一些。访谈也印证了这一点,代表性访谈片段摘录如下。

问:有调查显示,你们要比公办小学教师在教学所需要的知识发展方面效果要差一些,你觉得可能是什么原因?

A教师:忙啊,我们课很多,备课、改作业,还要带学生活动,感觉自己提高的时间很少,备课的时候会去找一些资料,也更多用于课堂教学,深入思考的时间不多,我觉得公办学校这方面要好一些。

B教师:我觉得公办学校的教研气氛要浓厚一些,他们优秀教师多,听说教研活动相互批评和争论都蛮激烈的,民办学校相对来说大家要和气一些(笑)。当然也有一些教研组长比较严格。

C教师:我觉得公办学校大家评职称、骨干教师、学科带头人啊、教学比赛之类的很多,这些都会对他们提高很有帮助,我自己觉得准备一次大的公开课后对我影响都挺大的,何况他们参加这么大的比赛,肯定收获更多。

(3)不同教龄民办小学教师专业知识发展路径比较

为了更好地了解教龄对民办小学教师专业知识发展路径的影响,按照教龄5年以内,教龄5—10年和教龄10年以上分为三个群体,通过SPSS分析发现,三个群体教师的专业知识在四个路径都没有显著性差异。均值比较发现,5—10年教龄教师在入职后的自我学习与反思和入职后的实践与反思这两个路径的均值都最高;5年以内教龄教师在入职前的学习与感悟路径的均值最高,但是在其他三个路径的均值都最低;10年以上教龄教师在入职后的集体学习与反思的均值最高,入职前的学习与感悟最低,在其他路径均值为第二。在教学内容知识和教学策略知识这两个一级维度,情况也一样,三个群体都没有显著性差异。只有教师专业知识的二级维度存在一些显著性差异,其中在学科横向知识维度,5—10年教龄教师和10年以上教龄教师显著高于5年以内教龄教师;在学生认知知识维度,10年以上教龄显著高于5年以内教龄教师,其他的都没有显著性差异。具体如表4-30所示。

表 4-30　民办小学教师专业知识发展路径均值表

路径	教龄	专业知识总体 M	专业知识总体 SD	教学内容知识 M	教学内容知识 SD	教学策略知识 M	教学策略知识 SD
入职前的学习与感悟	5 年以内	3.7139	0.96254	3.7425	0.86251	3.6829	0.87256
	5—10 年	3.7020	0.86957	3.7137	0.96854	3.6823	0.89574
	10 年以上	3.6973	0.89260	3.7129	0.97532	3.6757	0.88563
入职后的自我学习与反思	5 年以内	3.6735	0.82563	3.6771	0.96253	3.6992	0.92504
	5—10 年	3.7156	0.92355	3.7026	0.93652	3.7553	0.96352
	10 年以上	3.7013	1.00261	3.6832	0.89475	3.7326	0.89962
入职后的实践与反思	5 年以内	3.8326	0.98268	3.8011	0.91123	3.8781	0.95121
	5—10 年	3.9042	0.92366	3.8329	0.88926	3.9120	0.92401
	10 年以上	3.8715	1.02541	3.8281	0.99157	3.9025	0.96541
入职后的集体学习与反思	5 年以内	3.7123	0.91226	3.7067	0.93256	3.7306	0.87152
	5—10 年	3.7220	0.89711	3.7121	1.00261	3.7315	0.86351
	10 年以上	3.7576	1.00971	3.7450	0.93492	3.7686	0.99262

从表 4-30 可看出,民办小学教师专业知识的发展路径在教龄方面差异不大,无论是教学内容知识还是教学策略知识都没有显著性差异。这既表明了新手教师学习与反思对教师专业知识发展的有效性,也表明了教学经验的积累并没有显著促进专业知识的发展,应该通过若干机制,引导经验型教师积极学习和开展有效反思,更有效地促进知识专业知识的发展。

4.3.4　调查结论与建议

1. 民办小学教师专业知识发展路径的基本特征

通过调查研究,发现民办小学教师专业知识发展路径存在以下基本特征。

(1) 民办小学教师专业知识的发展路径按照有效性从高到低可分为三个层次,入职后的实践与反思路径位居第一层次,入职后的集体学习与反思位居第二层次,而入职前的学习与感悟和入职后的自我学习与反思位居第三层次。

(2) 在教学内容知识的发展路径方面,民办小学教师的学科基础性知识主要来源于职前学习,而学科联系性知识主要来源于入职后的反思和研讨,尤其是自身实践后的反思。

(3) 在教学策略知识的发展路径方面,入职后的实践与反思路径最为有效,入职前的学习经历对教学策略性知识发展的效果相对不明显;入职后的自我学习与反思主要集中在教学的要求和学生认知方面;入职后的集体学习与反思更多体现在教学要求方面。

(4) 群体比较显示,在入职以后上海地区民办小学教师的自我学习、实践和教研活动对教师专业知识的影响相比非上海地区民办小学教师要大一些,尤其是在学科知识的联系性方面、对学情的理解方面,以及学科知识该如何更好地教学方面。

(5) 群体比较显示,公办和民办小学教师在入职前的专业知识差异不大,在入职后也都十分注重教学实践的反思,但是民办小学教师在入职后的自我学习与反思和入职后的集体学习与反思这两个方面对教师专业知识影响的效果相对差一些。

(6) 民办小学教师专业知识的发展路径在教龄方面差异不大,无论是教学内容知识还是教学策略知识都没有显著性差异。相对而言,5—10年教龄教师在入职后的自我学习与反思和入职后的实践与反思这两个路径的均值都最高;5年以内教龄教师在入职前的学习与感悟路径的均值最高,10年以上教龄教师在入职后的集体学习与反思的均值最高。

2. 民办小学教师专业知识发展的建议

根据专业知识发展路径的基本特征,可从以下方面提升民办小学教师专业知识。

(1) 职前教师教育要注重未来教师教学策略知识的培养,通过适当的活动和研讨,让师范生和教育类硕士生能将理论知识有效内化,能对教育教学的实施具有较强指导价值。

(2) 民办小学教师的自我学习和反思的意识还比较强,但是与公办教师相比较反思的有效性略为不足,其中缺乏引导是一个重要方面,如果有优秀的课堂教学模板可借鉴,周遭有团队可以进行学习,能指出他们的不足,对于他们自我学习和反思更为有效。民办小学可通过发挥优秀教师的引领作用,充分利用网络资源,给教师一些有利启示。

(3) 民办小学教师专业发展活动较为规范,也有一定频次,但是在有效性方面还可进一步加深。研究表明,上海民办小学的入职后的集体学习与反思相比较非上海地区较强,但不如上海的公办小学,这与是否有优秀的活动带头人,以及教师投入教研活动的精力等因素都有关。民办小学可利用集团办学的优势,或者各学校联合活动,并使得这些机制常规化,以形成较好的教研活动氛围。

(4) 研究发现民办小学教师教龄的增加并没有有效促进教师专业知识的生成,这既与深层次专业知识的获得需要深入探究有关,也与一定教龄教师会存在职业倦怠有关。民办小学可通过校内相关带头人和相关激励机制的设立,既促使教师能更好树立专业发展意识,也让有一定教龄的教师从接受者转变为指导者,通过身份的转变,激发他们去思考、探索和归纳,以便更有效地提升自身的专业知识。

4.4 民办中小学数学教师专业知识发展路径调查研究

4.4.1 调查背景与理论基础

1. 数学教师专业知识结构

在舒尔曼的教学内容知识(PCK)概念引起国外诸多学者重视的同时,与具体学科相融合的研究也日益成为我国教学研究和教师发展研究的重点(陈子蔷等,2012)。在数学学科领域,不同学者对于数学教学内容知识(MPCK)的理解具有多种角度,例如既有鲍尔(Ball)等学者所提出的"为了教学的数学知识"(MKT)框架结构,也有黄毅英和许世红(2009)从教师常规教学所需入手,将 MPCK 定义为数学教师从事教学所需具备的相关核心知识。有的学者认为教师的数学教学知识是特定数学内容与教学相联合,与学生相联合的知识(童莉,2008)。童莉(2010)也指出,MPCK 的本质是教师如何将数学知识由纯学术形态转化成教育形态,从而提升学生的数学能力,加深他们对于数学的理解和自身数学底蕴。由此可见,国内外对于数学教师专业知识的研究大部分是从教学的角度着眼,强调与特定数学内容的兼容性,以及强调教学实践的重要性。也有学者从教师自身的角度,强调了教师的认识信念直接影响教师的教学行为(杨俊林,2019)。这类知识是默会的、具有缄默性,因此它更是一种文化素养的体现。它来源于数学教师在学科学习中形成的对于数学文化和思想方法的一种个体化感悟。有的学者认为数学教师的专业素养影响着他们在教学中秉持的教学观和学习观,因此数学教师的缄默知识具有个体性、数学技巧性、师范传播性和教学经验性(李红梅,2011)。

综合前面的论述,可以发现对于教师的教学知识并没有一个统一和明确的概念,但纵观各学者的研究能够发现,对于教师教学知识的探讨多数集中在知识的学科性、实践性、主体性以及考虑与在教学中被视为主体的学生之间的关联。因此,在前人的研究之上,出于对本研究目的和需要的考量,结合数学学科的特点,将数学教师的专业知识定义为数学教学内容知识和教学策略知识。其中数学教学内容知识包含数学基础性知识、数学横向知识和数学纵向知识等三个二级维度。数学基础性知识指教科书中的数学知识、课程标准中要求的该学段数学学科知识,以及解答该学段常规性题目所需要的数学学科知识;数学横向知识指有关数学史料、与其他学科间的类比联系的知识;数学纵向知识指数学信念、数学观和数学教育观,对于数学教学内容、数学思想方法的整体把握意识及个体化感悟等方面的知识。其中,教学策略知识包括教学要求知识、学生认知知识和设计与实施教学知识。教学要求知识指对有关课程、数学教科书编排方式、特点及内容的了解,以及对本学段学科知识教学要求的知识;学生认知知识指对学生学习特点、能力和思维方式的认识,以及身心发展过程中特定的数学内容如何与学生联系的前瞻性知识;设计与实施教学知识指有关教学设计与组织的知识:教育一般性规律知识、教学设计知识、信息技术知识、教学组织与反思的知识等。

2. 数学教师专业知识发展路径

鉴于教学知识对教师专业活动的重要影响,国内外很多学者也对数学教师专业知识的发展进行了研究,国内范良火的研究影响较大。范良火(2003)指出了教师专业知识的七种来源,分别为作为学生时的经验、职前培训、在职培训、有组织的专业活动、和同事的日常交流、阅读专业书刊、自身的教学经验及反思。他通过问卷调查、课堂听课和教师访谈,在对美国芝加哥地区的 77 名数学教师研究的基础上得到结论:教师"自身的教学经验与反思"以及"和同事的日常交流"是其发展教学知识最为重要的来源;"在职培训"和"有组织的专业活动"是发展教学知识相对重要的来源;而"作为学生时的经验""职前培训"和"阅读专业书刊"则是一般的来源。

在此之后,许多研究者也在范良火的基础上进行了研究,例如张萍萍(2008)对初中数学教师专业知识来源依据课改前后进行了对比,得出的结论是:无论是否经历课改,对于数学教师而言,其教学知识的来源最重要的途径是"教师自身的教学经验和反思"和"与同事间的交流",其次是"阅读专业书刊"和"市、区、学校组织的各种专业活动",贡献最低的则是"职前培训""学生时代的经验"和"师范教育"。董涛和董桂玉(2006)认为"自身的教学经验和反思""有组织的专业活动"是教师发展其自身专业知识的最常用的来源,"和同事的日常交流""在职培训""阅读专业书刊"和"教科书"也是来源之一;而"职前培训"是最不重要的来源。刘燚和彭涛(2019)则将数学教师专业知识结构定义成:普通文化知识、数学专业知识、一般教学知识、数学教学知识和教学实践知识,并以126名宝鸡和西安中小学数学教师为调查群体,最终得出结论:最重要的途径是"自身的教学经验与反思",其次是"阅读专业书刊"和"作为学生时的经验",而各类培训的贡献程度最低。杨鸿(2010)将教师专业知识分为五个方面,即意义性知识、本体性知识、主体性知识、策略性知识、评价性知识,并对其进行了生成路径的调查研究,得出对于教学知识的生成来说,"在职后阅读的专业性书籍""对课程改革、课标的理解,以及教学书、教材的解读""对同事课堂的观察与思考""与同事之间的日常交流""教研组或教师共同体中的集体研讨和备课""日常教学后的自我总结和自我反思"和"对名师课堂的观察与模仿"等是最重要的路径;而"任教前对教师的观察与思考""学生时代从书本上所学的理论"和"从学生处获得的感受"是最不重要的路径。韩继伟等人(2011)将数学教师专业知识定义为教育理论知识、数学学科知识和学科教学知识,并通过回归分析认为"自身教学经验与反思""和同事的日常交流""阅读专业书刊"和"教学观摩活动"对于各个维度的教师知识都有很强的精进作用。值得注意的是,这些国内研究人员在研究过程中,大多借鉴了范良火的研究范式,而范良火的分析是针对美国数学教师开展的,由于中美两国教师、学校和文化环境的差异,可能会在教师知识的来源上存在差异,但无论是国内研究者之间还是国内外研究者之间的研究结论都存在差异,这从某种程度上反映了"教师教学知识的来源"这一问题的复杂性,也由此能够看出这是值得研究者持续研究和关注的问题之一。

因此,本研究参考了范良火对于知识来源的分类,通过对部分中小学数学教师的开放式的问卷调查,并依据教师成长历程对在职培训、有组织的专业活动等进行了细致分化,同时综合前人的研究,对影响数学教师教学知识发展的重要途径包括教学观摩、自身经验反思等从自我层面和集体层面来分化,强调教师发展自身知识的自主性以及受到的环境影响。最后确定的途径包括自我学习与反思,集体学习与反思以及教学实践与反思三个层面。具体途径包括阅读数学相关的专业期刊、论文及教辅材料等书籍,借助网络资源进行自主学习,观摩专家型教师教学后的自我反思与体会,观摩同事教学后的自我反思与体会,入职前所参与、经历的各类数学教育实习、见习等,聆听学科专家或教授讲座或报告,参与同级数学教师日常教学中的集体备课、研讨,学校数学学科校本培训,入职后参与的市、区相关教研活动和培训课程,参与同级同类学校间外派、交流或轮岗,准备和参与各类数学相关的优课、教师技能比赛,准备和参与市、区或校内组织的数学公开课,同事间教学实践讨论后的反思与体会,自己常规教学实践后的反思与体会,参与数学竞赛类、创新类课程的教学与反思。

4.4.2 调查的设计与工具

1. 分析框架和初始量表的确定

根据研究的理论基础,将民办中小学数学教师专业知识生成路径初始量表按照教学内容知识和教学策略知识两大维度划分,其中教学内容知识分为数学基础性知识、数学横向知识、数学纵向知识等三个部分,教学策略知识分为教学要求知识、学生认知知识、设计与实施教学知识等三个部分。具体内涵和构成如表4-31所示。

表4-31 民办中小学数学教师专业知识构成与内涵

一级指标	二级指标	具体内涵
数学教学内容知识	数学基础性知识	教科书中的数学知识、课程标准中要求的该学段数学学科知识,以及解答该学段常规性题目所需要的数学学科知识
	数学横向知识	有关数学史料、与其他学科间的类比联系的知识
	数学纵向知识	数学信念、数学观和数学教育观,对于数学教学内容、数学思想方法的整体把握意识及个体化感悟等方面的知识
教学策略知识	教学要求知识	对有关课程、数学教科书编排方式、特点及内容的了解,以及对本学段学科知识教学要求的知识
	学生认知知识	对学生学习特点、能力和思维方式的认识,以及身心发展过程中特定的数学内容如何与学生联系的前瞻性知识
	设计与实施教学知识	教育一般性规律知识、教学设计知识、信息技术知识、教学组织与反思的知识

在发展路径方面,根据相关研究文献和访谈结构,从自我学习与反思、集体学习与反思和教学实践与反思三个方面归纳了17种路径,具体构成如表4-32所示。

表4-32 民办中小学数学教师教学知识生成路径

维度	途径
自我学习与反思 (6项)	大学学习的专业相关课程 阅读数学相关的专业期刊、论文及教辅材料等书籍 借助网络资源进行自主学习 观摩专家型教师教学后的自我反思与体会 观摩同事教学后的自我反思与体会 入职前所参与、经历的各类数学教育实习、见习等
集体学习与反思 (6项)	聆听学科专家或教授讲座或报告 参与同级数学教师日常教学中的集体备课、研讨 学校数学学科校本培训 入职后参与的市、区相关教研活动和培训课程 参与同级同类学校间外派、交流或轮岗 学生时代的经验总结
教学实践与反思 (5项)	准备和参与各类与数学相关的优课、教师技能比赛 准备和参与市、区或校内组织的数学公开展示课 同事间教学实践讨论后的反思与体会 自己常规教学实践后的反思与体会 参与数学竞赛类、创新类课程的教学与反思

2. 调查量表的检验

对部分民办中小学教师进行预调查,所有题项符合临界比,但是在探索性因素中发现路径1"大学学习的专业相关课程"在教师专业知识六个二级维度的因素负荷量均处于低值,路径12"学生时代的经验总结"在教师专业知识六个二级维度的第4维度和第6维度上因素负荷量均小于0.400。因此将路径1和路径12删除,剩余15个路径均符合要求。

正式量表的问卷为$6 \times 15 = 90$项条目构成,各层面因素负荷量均在0.480以上,采用主成分分析法抽取的六个共同因素联合解释变异量为56.833%。量表总体的内部一致性度为0.917,体现了较好的内部一致信度,可用于正式施测。

3. 调查对象

本研究的调查对象来自上海市民办中小学在职数学教师,共回收有效问卷119份,其中小学部分57份,中学部分(含六年级)62份。为了便于比较,对上海市公办中小学数学教师进行调查,回收有效问卷153份。

为弥补问卷调查的不足,随机选取了来自不同学校的4位民办中小学数学教师进行访谈,基本情况如表4-33所示。

表4-33 访谈对象的基本信息

编码	性别	学段	教龄	学历	职称
A教师	女	小学	2年	研究生	初级
B教师	女	小学	6年	本科	初级
C教师	女	中学	3年	研究生	初级
D教师	男	中学	8年	本科	中级

4.4.3 调查结果与分析

1. 民办中小学数学教师专业知识总体发展路径基本特征

在SPSS中对调查数据进行分析,比较均值发现在自我学习与反思、集体学习与反思和教学实践与反思这三个路径中,教学实践与反思的路径对民办中小学数学教师专业知识的发展最为有效,自我学习与反思的路径次之,集体学习与反思的路径影响最小。在专业知识的一级维度中,各路径对教学内容知识的影响情况和专业知识总体一致;在教学策略知识方面略有差异,教学实践与反思路径影响最大,集体学习与反思路径效果第二,自我学习与反思路径影响最小。对路径进行配对分析表明,教学实践与反思路径无论在专业知识总体还是两个一级维度的成效都显著高于其他两个路径,自我学习与反思路径显著高于集体学习与反思,这种显著性差异的特征在教学内容知识上也一致,但是在教学策略知识方面,集体学习与反思路径虽然均值略高于自我学习与反思路径,但两者并没有存在显著性差异。具体分析结果如表4-34所示。

表 4-34　教学专业知识生成途径各维度总体情况

路径	教学内容知识		教学策略知识		专业知识总体	
	均值	标准差	均值	标准差	均值	标准差
自我学习与反思	3.6240	0.52489	3.6747	0.61907	**3.6493**	**0.52156**
集体学习与反思	3.4693	0.53857	3.6800	0.67746	**3.5747**	**0.54505**
教学实践与反思	3.8867	0.52670	3.9880	0.62273	**3.9373**	**0.51440**
路径总体	**3.6600**	**0.49514**	**3.7809**	**0.61032**	**3.7204**	**0.50213**

在具体的路径中，自己常规教学实践后的反思与体会（教学实践与反思路径）、参与数学竞赛类、创新类课程的教学与反思（教学实践与反思路径）、参与同级数学教师日常教学中的集体备课、研讨（集体学习与反思路径）、同事间教学实践讨论后的反思与体会（教学实践与反思路径）、观摩同事教学后的自我反思与体会（自我学习与反思路径）这五个路径的均值得分最高，自我认同的效果均值分别为 4.1300、4.1100、3.9667、3.9300 和 3.8733。在教师专业知识的两个一级维度知识中，分别对 15 种发展路径的重要程度进行分层，得到结果如 4-35 所示。

表 4-35　15 种发展路径对民办中小学数学教师专业知识发展影响分层表

程度	教学内容知识	教学策略知识
最重要	参与数学竞赛类、创新类课程的教学与反思 自己常规教学实践后的反思与体会 参与同级数学教师日常教学中的集体备课、研讨 同事间教学实践讨论后的反思与体会 准备和参与市、区或校内组织的数学公开展示课	自己常规教学实践后的反思与体会 参与数学竞赛类、创新类课程的教学与反思 参与同级数学教师日常教学中的集体备课、研讨 同事间教学实践讨论后的反思与体会 观摩同事教学后的自我反思与体会
重要	观摩同事教学后的自我反思与体会 准备和参与各类与数学相关的优课、教师技能比赛 观摩专家型教师教学后的自我反思与体会 借助网络资源进行自主学习 阅读数学相关的专业期刊、论文及教辅材料等书籍	观摩专家型教师教学后的自我反思与体会 准备和参与市、区或校内组织的数学公开展示课 准备和参与各类与数学相关的优课、教师技能比赛 入职前所参与、经历的各类数学教育实习、见习等 参与同级同类学校间外派、交流或轮岗

续表

程度	教学内容知识	教学策略知识
一般	入职前所参与、经历的各类数学教育实习、见习等 聆听学科专家或教授讲座或报告 入职后参与的市、区相关教研活动和培训课程 参与同级同类学校间外派、交流或轮岗 学校数学学科校本培训	聆听学科专家或教授讲座或报告 学校数学学科校本培训 借助网络资源进行自主学习 入职后参与的市、区相关教研活动和培训课程 阅读数学相关的专业期刊、论文及教辅材料等书籍

注：表格中的斜体表示两类知识中排序相差在三个位置以上的路径

从表4-35可看出，从整体上看对于数学教师发展自身教学知识，最重要的途径层面是教学实践与反思层面，其次是自我学习与反思层面，集体学习与反思层面的影响程度位居第三。不同途径对于不同教学知识维度的重要性程度上有所不同，在最重要的途径上达成共识的途径包括自己常规教学实践后的反思与体会、同事间教学实践讨论后的反思与体会、参与数学竞赛类、创新类课程的教学与反思、参与同级数学教师日常教学中的集体备课、研讨。其次是观摩性学习和各类比赛，包括观摩专家型教师教学后的自我反思与体会和观摩同事教学后的自我反思与体会以及准备和参与各类与数学相关的赛课。而聆听数学学科专家或教授讲座或报告、学校数学学科校本培训、入职后参与的市、区相关教研活动和培训课程则是较为一般的途径。通过比较不同生成途径层面以及具体途径间的差异结果可知发展教师知识最重要的方法是进行教学实践并进行反思，尤其是在"自己常规教学实践后的反思与体会""参与数学竞赛类、创新类课程的教学与反思""同事间教学实践讨论后的反思与体会"等路径上。此外，在集体学习层面生成途径中"参与同级数学教师日常教学中的集体备课、研讨"的重要性非常显著。"借助网络资源进行自主学习"和"阅读数学相关的专业期刊、论文及教辅材料等书籍"对教学内容知识的提升较为重要，但是对教学策略知识的影响相对较小，而"参与同级同类学校间外派、交流或轮岗"对民办中小学教师教学内容知识和教学策略知识的影响情况则相反。

2. 民办中小学数学教师专业知识二级维度发展路径基本特征

在教学内容知识方面,民办中小学数学教师的数学横向知识和数学纵向知识受到教学实践与反思路径的影响程度较高,数学基础性知识受到自我学习与反思和教学实践与反思这两个路径的影响较大,而集体学习与反思路径对教学内容知识三个二级维度的影响程度相对较小。具体分析结果如表4-36所示。

表4-36　教学内容知识生成途径各维度总体情况

路径	数学基础性知识		数学横向知识		数学纵向知识	
	均值	标准差	均值	标准差	均值	标准差
自我学习与反思	3.7400	0.57321	3.4640	0.72780	3.6680	0.73247
集体学习与反思	3.5680	0.66438	3.3760	0.67690	3.4640	0.72892
教学实践与反思	4.2720	0.57960	3.5800	0.71171	3.8080	0.89348
路径总体	**3.8600**	**0.50382**	**3.4733**	**0.67145**	**3.6467**	**0.72821**

在教学策略知识方面,民办中小学数学教师的教学要求知识、学生认知知识和设计与实施教学知识都在很大程度上受到教学实践与反思的影响。自我学习与反思和集体学习与反思这两个路径对教学策略知识三个二级维度的影响虽然互有高低,但是在程度方面基本一致。具体分析结果如表4-37所示。

表4-37　教学策略知识生成途径各维度总体情况

路径	教学要求知识		学生认知知识		设计与实施教学知识	
	均值	标准差	均值	标准差	均值	标准差
自我学习与反思	3.8000	0.81716	3.5120	0.92860	3.7120	0.67147
集体学习与反思	3.7960	0.74996	3.6160	0.91593	3.6280	0.79694
教学实践与反思	4.0200	0.83422	3.8920	0.80833	4.0520	0.76538
路径总体	**3.8720**	**0.75986**	**3.6733**	**0.81352**	**3.7973**	**0.69282**

访谈也发现,民办中小学教师对教学实践与反思路径普遍较认同,对自我学习与反思和集体学习与反思也有部分教师比较认同。代表性访谈片段摘录如下。

B教师:我认为实践与反思是教师成长最重要的方式。教师要提高自身的教学水平,必须在实际的课堂教学中进行实践,前期理论学习作为基础是必要的,但在后期教学中,不论是提高自身教学内容水平,还是帮助学生提升成绩,教师应当更多地关注实践层面的方式与方法。民办学校的学生较为复杂,要求也高,同事之间都很忙碌,只能依靠自己去琢磨。

D教师:我觉得对教师来说,在实践中摸索,多思考多投入很重要。我在教学的前三年对于教学内容的理解是非常片面的,自己的教学经验不足不说,对数学教材的内容也还不能系统理解和掌握。在经历过一轮的教学后,才逐渐有点感觉。这个过程当中实践是必不可少的,而且教学过后必须进行反思。在教学初期,我的课总是拖堂,课堂的节奏掌握得很差,每次讲课总是很拖拉。一开始我找不到原因,后来通过同事间的评课和自己看教学录像才了解到原因有两个:一个是讲得太多,不够精炼;一个是语速太慢,声音没有起伏。每堂课只有自己进行反思和比较才能知道哪里可以自己进行改进,多上课,多反思,才能上好课。

A教师:对于我们这些新老师来说,集体教研很有用,每学期我们组内都会进行轮流听课,这个过程中能够了解到同组其他教师的一些教学设计和心得体会,这是对于知识本身,对于课程理解、教学设计等的一种直接的反馈和直观的展现,同样是观摩教学,我认为后者更加能够帮助一线教师反思自身的教学现状,从而去优化自己的课堂教学,设计出更加合理和优秀的课堂环节。

C教师:我作为一名刚入职没多久教师,在课堂上比较常用的方法就是师生的问答互动,但有的时候很难把握好节奏,后来多向年级组的其他老师讨教,现在会多考虑其他的互动方式,像小组间合作学习,我认为自身的问题主要是还在和班级学生磨合的阶段。目前带的班级是我新接手的班级,因此刚开始的时候也是无所适从,该用什么样的方法还是借鉴大学学习过的一些理论知识,但从书上获得的知识有限,也就是一些数学学科上的内容。我觉得对我影响比较大的几点就是多和同事交流、多看书和一些网络资源、参加一些数学教学的活动并且在之后不断反思。

3. 民办中小学数学教师专业知识发展路径的群体比较

(1) 不同教龄民办中小学教师数学专业知识发展路径比较

为更好地了解教龄对民办中小学数学教师专业知识发展路径的影响,按照教龄5年以内,教龄5—10年和教龄10年以上分为三个群体,通过 SPSS 分析发现,三个群体教师的专业知识在三个路径都没有显著性差异。均值比较发现,5—10 年教龄教师在三个路径的均值都是最高的。在两个一级维度知识中这种情况也基本一致,只有教学策略知识在自我学习与反思路径,5 年以内教师的均值略高一些。在教师专业知识的六个二级维度中,这三类群体在各路径也没有显著性差异。这表明,民办中小学数学教师专业发展各种路径的成效在教龄方面基本一致。具体如表 4-38 所示。

表 4-38 民办中小学数学教师专业知识发展路径均值表

路径	教龄	专业知识总体		教学内容知识		教学策略知识	
		M	SD	M	SD	M	SD
自我学习与反思	5 年以内	3.6766	0.56813	3.6505	0.55676	3.7027	0.69168
	5—10 年	3.7667	0.14142	3.8333	0.23570	3.7000	0.04714
	10 年以上	3.7333	0.61734	3.8222	0.65772	3.6444	0.58246
集体学习与反思	5 年以内	3.5937	0.60194	3.4793	0.58327	3.7081	0.73976
	5—10 年	3.8333	0.23570	3.7333	0.09428	3.9333	0.37712
	10 年以上	3.3556	0.41678	3.2667	0.35277	3.4444	0.50918
教学实践与反思	5 年以内	4.0036	0.51363	3.9532	0.49463	4.0541	0.65070
	5—10 年	4.0050	0.54212	4.0333	0.51854	4.0667	0.56569
	10 年以上	3.9222	0.69947	3.9333	0.69602	3.9111	0.71285
路径总体	5 年以内	3.7580	0.54158	3.6943	0.51718	3.8216	0.66779
	5—10 年	3.8833	0.30641	3.8667	0.28284	3.9000	0.32998
	10 年以上	3.6704	0.51368	3.6741	0.49208	3.6667	0.53932

从表 4-38 可看出,对于三个年龄段的民办中小学数学教师来说,教学实践与反思是他们最为重要的专业知识发展路径。集体学习与反思路径对教师教学策略知识发展的影响较大,而自我学习与反思路径对教学内容知识发展的影响较大。

(2) 不同学段民办中小学教师数学专业知识发展路径比较

为了更好地了解不同学段民办学校数学教师专业发展路径的差异,将其分为小学(不包括 6 年级)和中学两个群体(含初中和高中),进行独立样本 T 检验。分析发现,无论在教师专业知识总体还是在两个一级维度方面,民办小学和中学数学教师在自我学习与反思、集体学习与反思和教学实践与反思这三个路径都没有显著性差异。具体如表 4-39 所示。

表 4-39 民办小学和中学数学教师专业知识发展路径独立样本 T 检验

路径	学段	专业知识总体		教学内容知识		教学策略知识	
		M	SD	M	SD	M	SD
自我学习与反思	小学	3.7750	0.41318	3.8333	0.43498	3.7167	0.40903
	中学	3.6254	0.54064	3.5841	0.53553	3.6667	0.65502
集体学习与反思	小学	3.5000	0.33190	3.3917	0.32745	3.6083	0.44996
	中学	3.5889	0.57874	3.4841	0.57180	3.6937	0.71607
教学实践与反思	小学	3.9208	0.46834	3.9167	0.51115	3.9250	0.53741
	中学	3.9405	0.52795	3.8810	0.53547	4.0000	0.64283
路径总体	小学	3.7319	0.36362	3.7139	0.36927	3.7500	0.42509
	中学	3.7183	0.52794	3.6497	0.51870	3.7868	0.64350

从表 4-39 可看出,在小学学段自我学习与反思路径的效果要略高于中学学段,而在中学学段集体学习与反思和教学实践与反思这两个路径要略高于小学学段。结合访谈可知,中学学段面临着中考和高考,数学是基础性学科,数学教师的教学压力相对较大,应试教育的目标也相对明确,这些都会使得民办中学数学教师感受到集体教研和教学实践的反思对专业知识发展的效果。

(3) 民办和公办中小学教师数学专业知识发展路径比较

为了更好地了解民办与公办中小学数学教师专业发展路径的差异,对这两个群体教师进行独立样本 T 检验。分析发现,无论在教师专业知识总体还是在两个一级维度方面,民办中小数学教师三个路径的发展效果都低于公办中小学数学教师。在路径总体、自我学习与反思和集体学习与反思这三个方面还存在显著性差异,而在教学实践与反思路径中不存在显著性差异。具体如表 4-40 所示。

表 4-40　民办和公办中小学数学教师专业知识发展路径独立样本 T 检验

路径	性质	专业知识总体		T	P
		M	SD		
自我学习与反思	公办	3.8179	0.50733	2.025*	0.044
	民办	3.6493	0.52156		
集体学习与反思	公办	3.8020	0.60935	2.348*	0.020
	民办	3.5747	0.54505		
教学实践与反思	公办	4.0793	0.57231	1.560	0.120
	民办	3.9373	0.51440		
路径总体	公办	3.8997	0.52673	2.113*	0.036
	民办	3.7204	0.50213		

通过对教师专业知识一级和二级维度的比较分析发现,在教学内容知识方面,公办和民办中小学数学教师的发展路径成效存在显著性差异,其中在数学横向知识和纵向知识这两个维度也存在显著性差异;虽然在设计与实施教学知识这个二级维度方面公办和民办中小学数学教师的发展路径成效存在显著性差异,但是在教学策略知识这个一级维度方面,公办和民办中小学数学教师不存在显著性差异。结合访谈可知,相比较而言公办中小学数学教师对数学知识的探究更加细致,而民办中小学数学教师对数学知识的探究更多地从解题需要入手,考题用到什么去掌握什么,缺乏对中小学数学知识进行全面的梳理,存在一定的被动性。当然存在这种现象与民办中小学数学教师的工作量较大,缺乏引领,以及教学研究的意识和投入不够都有关系。代表性访谈片段摘录如下。

问:与公办学校相比,你们在教学所需要知识的发展方面有没有什么区别?

B 教师:应该会有,我觉得公办小学的教研活动开展得比我们要积极,关键是他们一般会有好老师在引领,会更深入一些。我们也有研讨制度,我们平时讨论比较多的是这个内容怎么上有新意,学生都能参与进来等,对知识方面的讨论不多。

C 教师:应该有区别,我觉得公办中学教师的教研氛围更浓厚一些,他们会比我们更注重研究。他们比赛和活动也多,写论文、评职称这种气氛比我们会更多一些。相对来讲,我们会更注重学习的效果,也就是考试效果,中考的压力是比较大的。所以平时自己的思考或者教研时更多分析具体的考题和考点,然后讨论怎么上会更合适。所以单纯从知识方面,我觉得我们要更专某一块一些,公办会更全面一些。

4.4.4 调查结论与建议

1. 民办中小学数学教师专业知识发展路径的基本特征

通过调查研究,发现民办中小学数学教师专业知识发展路径存在以下基本特征。

(1) 民办中小学数学教师专业知识的发展路径按照有效性从高到低可分为教学实践与反思路径、自我学习与反思路径,以及集体学习与反思路径。其中教师在自己常规教学实践后的反思与体会、参与数学竞赛类和创新类课程的教学与反思、参与同级数学教师日常教学中的集体备课和研讨、同事间教学实践讨论后的反思与体会和观摩同事教学后的自我反思与体会这五个具体路径的成效较好。

(2) 在教学内容知识的发展路径方面,民办中小学数学教师的数学横向知识和数学纵向知识受到教学实践与反思路径的影响程度较高,数学基础性知识受到自我学习与反思和教学实践与反思这两个路径的影响较大,而集体学习与反思路径对教学内容知识三个二级维度的影响程度相对较小。

(3) 在教学策略知识的发展路径方面,民办中小学数学教师的教学要求知识、学生认知知识和设计与实施教学知识都在很大程度上受到教学实践与反思的影响。自我学习与反思和集体学习与反思这两个路径对教学策略知识三个二级维度的影响虽然互有高低,但是在程度方面基本一致。

(4) 群体比较显示,民办中小学数学教师专业发展各种路径的成效在教龄方面基本一致。5—10年教龄教师在三个路径的均值都是最高的,教学实践与反思路径是三个群体教师最为重要的专业知识发展路径。其中,集体学习与反思路径对教师教学策略知识发展的影响较大,而自我学习与反思路径对教学内容知识发展的影响较大。

(5) 群体比较显示,无论在教师专业知识总体还是在两个一级维度方面,民办小学和中学数学教师在自我学习与反思、集体学习与反思和教学实践与反思这三个路径都没有显著性差异。在小学学段自我学习与反思路径的效果要略高于中学学段,而在中学学段集体学习与反思和教学实践与反思这两个路径要略高于小学学段。

（6）群体比较显示，无论在教师专业知识总体还是在两个一级维度方面，民办中小数学教师在三个路径的发展效果都低于公办中小学数学教师。在路径总体、自我学习与反思和集体学习与反思这三个方面还存在显著性差异，而在教学实践与反思路径中不存在显著性差异。在教学内容知识方面，公办和民办中小学数学教师的发展路径成效存在显著性差异，但在教学策略知识方面，两者不存在显著性差异。

2. 民办中小学数学教师专业知识发展的建议

根据专业知识发展路径的基本特征，可从以下方面提升民办中小学数学教师专业知识。

（1）教学实践与反思是民办中小学数学教师专业知识发展最为主要的路径，尤其是自己与同事实践后的反思、参加各类比赛后的反思等，这表明经历过后的体会对教师的影响更大，民办中小学可创造一些机会，让教师养成反思习惯，在总结中更有效地发展自身的专业知识。

（2）民办中小学数学教师在教学研讨中，对教学内容知识的讨论还不够深刻，更多是就事论事，较为被动，可通过一些机制形成集体研讨的氛围，能在每一个时间段对某一类数学学科知识进行专题研讨。例如，数学知识之间的联系、画知识点之间的结构图、专题研讨数学史方面内容等，加深教师对所教数学内容的了解。

（3）教师自我学习与反思路径对教学策略知识的影响较为一般，民办中小学数学教师可通过观摩优秀教学视频、阅读相关教研论文，更好地了解中小学生的数学认知特征，以及常见的数学课堂教学策略，能设计和实施更为合理有效的课堂教学策略，在兼顾学生数学考试成绩的同时，能够较好地发展学生的数学核心素养。

4.5 本章小结

本章以上海民办小学教师和中小学数学教师这两个群体作为研究对象，通过四次调查分别对民办小学教师专业发展路径、民办中小学数学教师专业发展路径,民办小学教师专业知识发展路径和民办中小学数学教师专业知识发展路径进行分析。研究发现上海民办中小学教师的专业发展具有若干基本特征。

1. 教师的自主反思是专业发展的最重要路径

研究发现,在没有明确规定和要求的情况下,教师为了更好地提升自己的专业水平,自发利用资料、同伴交流并反思等方式学习专业知识、提升教学技能,教师自发对自己的教学实践进行总结和反思等活动对教师的专业发展成效最为显著。在专业发展各种因素中,教师自身的职业认同、自我效能感和专业发展意识等方面最为主要。

2. 教师专业发展活动的频率和效果存在较强正相关

研究发现,无论是自主性还是组织性,无论是常规性还是临时性,无论是校内还是校外,各种专业发展活动的效果与频率都呈正相关。这表明民办中小学教师专业的发展与教师专业发展活动密切相关,各民办中小学要积极组织各种类型的专业发展活动,或者通过组织文化的建设,营造专业发展氛围,引导教师更积极、正确、有效地进行反思。

3. 民办中小学教师专业发展路径的成效不存在内部群体差异

研究发现,在民办中小学内部,各种专业发展路径的成效在性别、教龄和学段等方面基本上都没有显著性差异。相对来说,新手教师的专业发展意愿更为强烈,但是由于缺乏经验效果一般;教龄较长教师由于民办学校教师的职业心态较为平稳,专业发展活动也会积极参与;5—10年教龄教师,有一定的经验,年龄一般也不大,有一定的职业波动,在参与教师专业发展中会有一些消极倦怠,但由于他们积累了一定的教学经验,刚走出大学不久,一些教育理论性知识能较好地与教学实践相结合,专业知识发展的成效较好。

4. 民办中小学专业发展路径的成效存在外部群体差异

研究发现,上海民办中小学教师专业发展路径与上海公办中小学教师,以及非上海地区的民办中小学教师都存在较强的显著性差异。由于上海的民办中小学教师的竞争压力相对较大,可以带头的优秀教师相对较多,教师专业发展活动的外部支持相对充分,教师在各路径专业发展的成效要优于非上海地区的民办中小学教师。但是,与上海公办中小学相比较,专业发展氛围还不够,对专业发展有较大影响的竞技类、评比性和展示性活动较少,导致了集体教研活动还不够深入,教师的自我反思缺乏优秀参照和有效引领,各种专业发展路径的成效还略显不足。

5. 校内外常规性活动成效优于临时性活动,集体性专业活动对教学的组织与策略有较大影响

研究发现,民办中小学开展校内的各种常规性专业发展活动效果比临时性专业发展活动要好,各区和全市层面的常规性活动效果也要优于各种临时性专业发展活动,这表明规范化专业发展活动的重要性。此外,各种教研活动对教师更好地提高教学能力有较强的帮助作用,但对学科本身的探讨还相对较少。

第5章 研究的结论与发展建议

"专业"是社会分工、职业分化的结果,是职业经过不断成熟、逐渐获得鲜明专业标准和专业地位的过程,是社会进步的标志。在教育教学中,教师扮演着关键性角色,学生知识的丰富、能力的发展和必备品格的养成都离不开教师的传授、组织和引导。民办教育已成为我国教育的重要组成部分,在教育部官方网页发布的《2019年全国教育事业发展统计公报》[1]显示,截至2019年底,全国共有各级各类民办学校19.15万所,比2018年增加8052所,占全国比重36.13%;各类教育在校生5616.61万人,比2018年增加238.40万人,占全国比重19.92%。民办普通小学、民办初中、民办普通高中的数量、招生人数和在校生人数,较上年均有上升;民办中等职业学校数量虽然比上年减少了8所,但其招生人数和在校生人数较上年有所增长。民办学校的专任教师4911145人,占全国各级各类学校专任教师比重的28.35%。其中,民办小学(不含特教类)专任教师数为1017376人,占全国比重16.23%;民办中学(不含职业技术类、特教类)专任教师数1308711人,占全国比重23.34%。这些都凸显了民办教育的重要性。但是,教师在教育教学中的重要性,以及民办教育发展在我国教育发展中的重要性都还没有在教育研究中得到体现,对民办教师专业发展方面的研究还较为缺乏。在中国知网[2]的篇名类别中输入"教师专业"检索,发现有46120条结果,但是再加上"民办"进行组合检索,只有339条结果,占比仅为0.74%。这个比例与民办教育在我国教育中的占比是不相符的,这也凸显了本研究的必要性和价值性。本章对研究的结论进行了归纳与分析,并对民办中小学教师专业发展提出若干建议。

---

[1] http://www.moe.gov.cn/jyb_sjzl/sjzl_fztjgb/202005/t20200520_456751.html
[2] 检索时间为2021年6月,中国知网默认总库

5.1 研究结论

1. 民办中小学教师专业素养的内涵与构成

本研究通过对国内外相关文献分析和相关专家的访谈，认为由于教育的基本目标一致、职业内容和性质一致，因此民办中小学教师专业素养的内涵与构成在本质上与公办中小学教师是相一致的，但是由于办学主体和经费来源的差异，民办和公办中小学教师专业素养的内涵和构成的侧重点略有不同。结合文献分析、专家访谈和对民办中小学教师的问卷调查，认为民办中小学教师专业素养是教师在先天条件基础上，经历养育、教育和实践等各种后天途径逐步养成的，是对教师的教育教学活动有着显著影响的素质和修养，是教师从事符合时代发展的职业活动所需要的各种心理品质的总和。教师专业素养的内涵在纵向上与教师的专业化发展一脉相承，在横向上与素养背景下的教师专业诉求相契合，是教师专业发展的时代产物。

根据民办中小学教师专业素养的内涵，其构成可归纳为教师专业知识、教师专业能力和教师专业情意等三个一级维度。其中，教师专业知识指民办中小学教师有效设计、实施课堂和课后教学所需要的各类知识，具有较强的教育教学实践倾向；根据教师在教学实践中对知识的需求的先后次序，可将其分为基础性学科知识、关联性学科知识和学科教育知识等三个二级维度。教师专业能力指民办中小学教师有效设计、实施课堂和课后教学所需要的各种能力，是教师专业化水平的重要衡量标准；根据教师实施课堂教学的先后次序和相关性，分为设计教学能力、实施教学能力、发展教学能力等三个二级维度。教师专业情意指民办中小学教师在入职前初步形成，并在入职后逐步稳定的，对民办中小学教育教学所持有的基本观点和基本态度，是教师专业活动和专业发展的动力源泉；根据教师专业情意和民办中小学的基本特征，分为职业认识、职业情怀和职业品格等三个二级维度。民办中小学教师的九个二级维度再细分为教科书中的学科知识、课程标准中的学科知识等 27 个三级维度。

民办中小学教师专业素养的三个一级维度有着密切的联系，教师专业情意是核心,它既是民办中小学教师从事职业的基本要求,也会对教师的专业发展产生重要影响。较高的教师专业情意,就会促使教师积极去提升自身的专业素养,反之则会导致较高的职业倦怠,较低的职业效能感,缺乏从事教师职业活动的积极性,这些都必然影响教师专业知识的生成和教师专业能力的提高。教师专业知识是重要内在因素,只有知道的越多才能做出更为合理的教育教学行为,教师专业能力是重要衡量标准,只有通过各种内在和外显的行为展现才能让教师专业水平得到有效彰显。较高的专业知识和专业能力会提升民办中小学教师的职业效能感,进而提升他们的专业情意。

2. 民办中小学教师专业素养的基本特征

鉴于教师专业素养的复杂性,要厘清民办中小学专业素养的基本特征是不现实的。本研究分别从教师专业知识、专业能力和专业情意三个一级维度中选取部分素养进行分析,以揭示其基本特征。

在教师专业知识维度,以小学数学教师为例,通过对民办小学数学教师数学基础性知识、数学关联性知识和数学教育性知识的调查与分析,发现在教师专业知识总体方面,民办小学数学教师的基础性数学知识掌握得较好,但是关联性数学知识相对薄弱,还未能有效形成网状知识体系,这将会影响知识点相对综合内容的教学。不同群体教师的比较表明,教龄对民办小学数学教师专业知识影响最大,学历对数学教育性知识的影响较大,性别对教师专业知识影响不大,不同群体小学数学教师的基础性数学知识差异也不大。

在教师专业能力维度,以中小学教师的教学反思能力为例,通过对民办中小学教师内部反思能力和外部反思能力进行调查与分析,发现民办中小学教师的教学内部反思能力和教学外部反思能力基本相当。但是相比较公办中小学教师,民办中小学教师更注重对课堂教学的反思,工作强度会较大程度限制民办中小学教师的教学反思能力,尤其是教学外部反思能力。男教师的教学外部反思能力显著高于女教师,而女教师的教学内部反思能力显著高于男教师。5—10年教龄教师的教学反思能力最高,并显著高于其他两个教龄群体的教师,教龄越高中小学教师的外部反思能力也越高。小学教师对课堂教学的反思相较于中学教师更为频繁,而中学教师更多反思课堂教学的有效性,更关注教师的专业知识。

在教师专业情意维度，以个案研究为例。通过对三个个案的分析，发现民办中小学教师对职业的认识还不够全面，具有较强的功利性。他们对民办学校的发展前景比较看好，对教师职业也有较强的认同感，但是对民办学校教师职业和所在民办学校教师的认同程度，与所在民办学校的社会声誉有较大联系，也与工作强度、工作压力和报酬有关。民办中小学教师的职业品格普遍较好，绝大多数的教师都很注重自己的言行举止。由于民办中小学的教研活动和教师专业发展平台相对独立，他们的职业发展规划中很少是成为专家型教师和名师，职业的自信心和成为卓越教师的上进心方面会相对弱一些。

3. 民办中小学教师专业素养发展路径分析

将民办中小学教师专业发展路径主要归结为自我学习与反思、集体学习与反思、教学实践与反思，并从自发性、常规性、临时性、校内和校外等几个方面进行分析。通过对四个不同群体民办中小学教师进行调查与分析，发现自主反思是民办中小学教师专业发展的最重要路径，教师通过自我学习、观摩、实践后反思、交流后反思等方式可以较好地促进自身专业素养的发展，而且对民办中小学教师职业的认同情况、专业发展意识等都会影响教师这种自主反思的频率与有效性。

尽管不同类型专业发展活动的效果有高低，但是都与专业发展频率正相关，民办中小学教师参加同类的活动次数越多，效果越显著。总体来说，除了教师自身的自主反思，校内和校外的常规性活动对民办中小学教师专业素养的发展有较好的促进作用，而各种临时性活动的专业发展成效要略差。

研究发现，不同性别、教龄和学段的民办中小学教师在专业发展路径方面的成效基本一致，不存在显著差异。外部比较发现，上海民办中小学教师在各路径专业发展的效果都显著好于非上海地区民办中小学教师，但是低于上海公办中小学教师。这与是否有较为丰富的优质专业活动资源、是否有较为浓厚的专业发展氛围，以及是否有较为权威的竞技性和展示性活动平台都有关。教师在专业发展活动中参与程度较深，有优秀教师可以引领和指导等因素都可有效提升民办中小学教师专业素养。

5.2 发展建议

1. 提升民办中小学教师的专业价值

一般来说,教师的专业价值可以从教育内部和社会外部两方面来衡量和体现。在教育内部,教师通过职业活动,利用自身的知识和技能,帮助学生更好的成长,其内在价值性是以学生的发展程度来衡量;而从社会角度,教师的专业活动能解决社会问题,满足社会的需求,它的这种外在价值必须以社会对教师物质和精神的反馈为衡量标准(赵佳丽和罗生全,2016)。教师的内在价值和外在价值是相辅相成,有着密切的联系。前者是后者的基础,后者是前者的现实条件,它们既可以相互促进,也会相互制约。审视时代的教师专业价值,外在价值还有待提升,其不仅无法体现教师专业的外部价值,也影响到了教师的内在价值(黄友初,2018)。目前,民办学校虽然已经成为我国教育的重要组成部分,但是民办学校教师的专业价值还未能得到有效彰显。

为此,在学校外部,社会和有关职能部门要在专业活动方面对公办和民办教师一视同仁,一些区级和市级的活动不但不能忽视民办中小学教师,还要鼓励他们积极参加,让他们在精神层面和专业层面都能感受到有关部门对民办中小学教师专业发展的关怀和引领。在这方面我国已经有了一些举措,2021年9月1日开始实施的《民办教育促进法实施条例(修订版)》中明确提出要"坚持公办民办平等法律地位",强调要建立中小学专任教师劳动合同备案制度,建立统一档案记录教师的教龄、工龄,与公办幼儿园、中小学教师平等对待;规定民办学校及其教师、职员、受教育者申请政府设立的有关科研项目、课题等,享有与同级同类公办学校及其教师、职员、受教育者同等的权利。相信随着制度的逐步完善,人们职业观的逐步变化,社会对民办中小学教师专业价值会逐步改观。在学校内部,民办中小学要重视教师的专业发展,通过完善各种机制,组织各种常规性教研活动。同时,也要出台各种激励机制,让有经验教师能起到引领作用,也要让广大教师有积极参与专业发展活动的意愿。这既要有物质的激励,也要有正确的价值观引领和教师精神的激发。研究发现,部分民办中小学教师在与公办学校教师比较时会有一定的抱怨,但是让他们与普通企业工作人员相比,他们又更倾向于民办中小学教师的职业。这表明,让民办中小学教师树立正确的职业观和价值观也是十分重要的环节。在制度建设和文化建设中,要让民办中小学教师的生命存在价值得到体现,让专业实践价值得到彰显,才能更好地提升教师发展专业的内驱力。

2. 尊重民办中小学教师的专业自主

现代社会的最大进步是人从依附性人格走向主体性人格,社会的个体成为群体中独立的个体,人的生命价值得到凸显,以具体的"自主性、能动性、个体性、创造性、完整性"的生命个体为鹄的(杨茜,2016)。这种背景下,教师专业的良好发展不能依靠规约、权威和他律,而应该尊重教师的专业自主、自觉和自律。要让民办中小学教师成为专业实践活动和专业发展活动的主角,扩大教师在专业方面的话语权而不是执行者、被动者和守旧者。这既是教师专业内在品性和主体性的彰显,也是教师专业精神的集中体现。

教师的主要工作是育人,它具有较强的独特性,需要教师具备较高的专业情意,例如,具有较为积极的职业理想,在行为上能为人师表。但是,这并不意味着教师就理所当然地要牺牲和奉献。在以人为本的时代,个体生命的存在价值应得到尊重,而不是漠视或贬低教师的专业和实践。单纯依靠行政权威,忽视个体完整性和独特性;解构专业标准为各种量化的僵化考核,忽略了教师专业素养的本质特征,这些都难以激发教师的专业热情。只有给予教师专业充分的尊重,给教师的专业发展足够的自觉和自主,扩大教师在民办学校办学过程中的话语权,才能激发教师积极地追求自我价值。应该看到,现在有很多民办中小学并不鼓励教师参与一些区级和市级的专业发展活动。一方面,是觉得公办和民办的学生和课程设置存在差异,另一方面也担心公办和民办教师活动增多,民办教师在区和市级获得荣誉会跳槽。应该看到,随着公办和民办统招,公办和民办的差异性在缩小,而且围堵倾向的专业活动管理方式并不是良性、可持续的政策。民办中小学应该有一定的办学自信,尊重教师的专业自主,这不仅会有利于教师的成长,也会有利于学校的发展。

当然,尊重并不意味着放纵,自主并不意味着放任,而是应当通过制度的引导(例如构建合理完善的退出机制)和教师教育的培养,让教师成为专业发展中的理性人。

作为理性人的教师,在专业发展过程中,既可以享受充分的自由和自主,又能对自身的专业发展负责,对职业负责,从而实现教师个体独特性与群体普遍性、专业的个体价值与社会价值的内在和谐统一。

3. 提高民办中小学教师的专业反思能力

研究发现,反思是民办中小学教师专业素养发展的最主要路径,尤其是自己教学实践后的反思,集体教学研讨活动后的反思,自主学习后的反思等。但是,与公办教师群体相比较,民办教师的反思成效还有提升的空间。主要原因在于他们反思的意识还有待进一步提高,反思的要点把握不够准确,不知道怎样的做法会更为合理。为此,民办中小学要通过各种方式,让教师树立专业反思的意识。让教师意识到反思的过程实质上是教师知识、能力和经验不断积累的过程,也是教师的教育教学问题解决能力不断发展与提高的过程(张学民,申继亮等,2009)。教师通过反省和检查自己的观念和教学行为的有效性,可以减少教学主观性的发生,获得更为有效的经验积累,建构更为精确、高效的课堂信息加工图式,从而提高教师课堂信息加工的速度、精确性,更好地提升课堂教学的有效性。因此,教师应树立积极的反思意识,能在具体的教育教学实践中以知识点的教学为反思载体,在课前反思已有的教学经验、他人的教学过程,在课中能及时反思自己的教学设计与教学行为,在课后能反思教学的过程与自身的知识、行为和教学理念,这些路径都可以更为有效地促进自身专业素养的发展。

此外,民办中小学也可以通过资源库建设,例如,上海的空中课堂中有很多优质教学资源,以填补校内优秀教师的不足。让教师能以优秀教师的教学为目标,能在相互比较中深入思考。只有善于反思,不断总结经验,才能更好地将所看到和听到的知识、行为表现,内化为自身的专业素养。应该看到,教师专业是一个长期发展的过程,教师个体的专业发展具有终身性,教师在成长过程中,接受各种教师教育的学时数是有限的,校内外各种专业发展活动的次数也不会太多,这些都凸显了教师自我反思的重要性。只有积极、有效地反思,民办中小学教师的专业素养才能得到更好的发展。而更高的专业水平,可让民办中小学教师有更好的职业体验,有更高的教学效能感,这也可更好地提升教师对民办教育的职业情感。

应该看到民办中小教师专业发展的研究还有待深化。在本研究过程中,可参考的文献还不是很多，可借鉴的研究工具更少，因此本研究也是一个逐步探索的过程，希望能为后续研究投石问路，提供一些有益参考。后续研究可从研究工具、研究方法和样本数量等方面进行一些改进或提升。在研究方法上能把质性研究和量化研究结合，充分发挥小样本研究的深入性和大样本研究的代表性。在研究工具上能弥补自陈式量表的不足，尽量测出民办中小学教师专业发展的现状而非他们之所想。这些虽然是教育研究的难题之一，但是教育研究本来就是一个不断探索和不断深入的过程。只有对民办中小学教师专业发展的内在特征和发展路径进行探索，才能更好地厘清专业发展的主要问题和基本规律，从而提出有针对性的策略，在教育现实中更有效地发展民办中小学教师的专业素养。

参考文献

曹栋栋(2019).全日制教育硕士教师职业认同调查研究.上海:上海师范大学硕士学位论文.

曹利娟(2017).民办中小学教师专业素养的提升研究.牡丹江教育学院学报,2017,(4):37—38.

陈妙娥(2011)."后喻文化"视角下高校教师课堂教学语言的转变.江苏高教,(5):86—87.

陈静,黄建如(2017).校本培训:民办院校促进教师专业发展的有效途径.科教文汇(上旬刊),(1):20—21.

陈茜伊(2019).新时代民办义务教育学校教师激励制度研究.海口:海南师范大学硕士学位论文.

陈尚琼,余仁胜(2015).我国中小学教师资格考试制度的回顾与展望.课程·教材·教法,35(4):98—104.

陈向明(2015).扎根理论在中国教育研究中的运用探索.北京大学教育评论,13(1):2—15,188.

陈子蔷,胡典顺,何穗(2012).中国目前 MPCK 研究综述.数学教育学报,21(5):15—18.

程红艳,董英(2011).新教师的专业发展.武汉:华中师范大学出版社:163—164.

储召红(2001).论教学反思及教师反思能力的培养.上海:华东师范大学硕士学位论文.

崔晴(2018).浙江、上海民办教育发展的经验及启示.兰州教育学院学报,34(10):103—105.

董奇(2004).心理与教育研究方法(修订版).北京:北京师范大学出版社.

董涛,董桂玉(2006).数学教师教学知识发展途径调查分析.当代教育科学,(11):

36—37.

范良火(2003).教师教学知识发展研究.上海：华东师范大学出版社.

高玲(2007).教师反思能力发展特点的研究.教育理论与实践,27(5)：45—48.

高文财(2016).免费师范生教育硕士培养模式研究.长春：东北师范大学博士学位论文.

管培俊(2012).中国教师队伍建设研究.北京：北京师范大学出版社.

桂林,刘丹(2003).新课程标准下的高中数学教师素质的调查研究.数学教育学报,12(3)：51—54.

郭朝红(2001).高师课程设置：前人研究了什么.高等师范教育研究,13(2)：36—41.

郭炯,夏丽佳,张桐瑜等(2016).基于实践场的区域教师专业发展路径研究.中国电化教育,(4)：106—112.

国家教委(1997).国家教委关于组织实施"高等师范教育面向21世纪教学内容和课程体系改革"的通知.

韩继伟,马云鹏,赵冬臣,黄毅英(2011).中学数学教师的教师知识来源的调查研究.教师教育研究,23(03)：66—70.

韩延伦,刘若谷(2018).教育情怀：教师德性自觉与职业坚守.教育研究,39(5)：83—92.

贺玉兰(2007).职前教师教育课程设置研究.上海：华东师范大学硕士学位论文.

黑格尔(2003).小逻辑.贺麟译.北京：商务印书馆.

侯秋霞(2012).演绎真善美：教师教学品格核心价值的人本观照.教育探索,(9)：23—25.

弗赖登塔尔(1999).数学教育再探：在中国的讲学.刘意竹,杨刚等译.上海：上海教育出版社.

胡万山(2018).中国民办教育研究40年：回顾与反思——基于1978—2017年民办教育研究文献的计量分析.现代教育管理,(12)：17—23.

胡卫(2007).上海民办教育：面临的机遇和挑战.教育发展研究,28(12)：30—35.

胡银根,胡楚芳(2014).教师品格要素评价排序问题研究.宜春学院学报,36(4)：119—122.

华杨(2007).民办中学教师专业发展的研究.上海:华东师范大学硕士学位论文.

黄东昱(2006).民办中学师资稳定性问题及对策.教育发展研究,(12):25—29.

黄崴,李清刚(2017)."五环"模式:民办学校教师专业发展之道.教育导刊,(8):68—71.

黄毅英,许世红(2009).数学教学内容知识——结构特征与研发举例.数学教育学报,18(1):5—9.

黄友初(2015).数学教师教学知识发展研究.北京:科学出版社.

黄友初(2017).数学史对职前教师教学知识影响的质性研究.数学教育学报,26(1):94—97.

黄友初(2018).改革开放40年来我国教师专业化的回顾与展望.课程·教材·教法,38(11):11—17.

黄友初(2019a).核心素养视域下教师知识的解构与建构.上海师范大学学报(哲学社会科学版),48(2):106—113.

黄友初(2019b).教师专业素养:内涵、构成要素与提升路径.教育科学,35(3):27—34.

黄友初,马陆一首(2020).小学全科型卓越教师的内涵、特征与培养路径.教育科学,36(2):47—52.

姬建峰(2006).论教师的教育信念与教师专业化发展.教育与职业,(26):47—49.

教育部(2012).2011年全国教育事业发展统计公报.中国地质教育,21(3):128—130.

教育部教师工作司(2013).教师教育课程标准(试行)解读.北京:北京师范大学出版社.

教育部师范教育司(2003).教师专业化的理论与实践.北京:人民教育出版社,第二版.

金长泽(1994).面向农村、深化改革,培养合格初中教师.高等师范教育研究,(1):3—11.

金欢(2016)."国培计划"专项经费使用情况的调查分析——以湖北省为例.湖北经济学院学报(人文社会科学版),13(7):61—62.

靳晓燕(2017).教师队伍建设取得突出成就.光明日报,2017-09-03(4).

靳玉乐,廖婧茜(2016).论教师教育课程的国际化变革.教师教育学报,3(6):1—6.

景安磊,周海涛(2018).民办学校教师队伍建设改革的法规保障.教育与经济,34(3):20—23,37.

李长吉,沈晓燕(2011).教师知识研究的进展和趋势.当代教师教育,4(3):1—6.

李红梅(2011).数学文化教育中教师的缄默知识探讨.数学教育学报,20(3):19—21.

李继宏(2010).论教师的职业品格.全球教育展望,39(2):75—78.

李琼(2009).教师专业发展的知识基础——教学专长研究.北京:北京师范大学出版社.

李琼,董小玉(2021).教育技术学教师专业情意的模型建构及量表编制.南京师大学报(社会科学版),(1):67—78.

李廷洲,陆莎,金志峰(2017).我国中小学教师职称改革:发展历程、关键问题与政策建议.中国教育学刊,(12):66—72,78.

梁杰(2011).奏响人才强教的时代乐章:我国教育人才队伍建设纪实.中国教育报,2011-08-05(1).

廖晶,王光明(2017).中小学数学教师"五高"培训模式的建构与应用.数学教育学报,26(5):17—19.

廖哲勋(2001).论高师院校本科课程体系的改革.课程·教材·教法,21(1):56—59.

林崇德(2016).21世纪学生发展核心素养研究.北京:北京师范大学出版社.

林一钢(2008).教师信念研究述评.浙江师范大学学报(社会科学版),33(3):79—84.

刘清华(2004).教师知识的模型建构研究.重庆:西南师范大学博士学位论文.

刘燚,彭涛(2019).数学教师知识获得途径的调查研究.教育现代化,6(27):88—90.

刘耀明(2018).超大型城市民办中小学特色发展的三个问题——以上海为例.上海教育科研,(4):36—38,18.

刘永林,张晓彤,杨小敏(2020).新法新政背景下省级政府民办教育政策的创新与突破——基于29个省级政府民办教育政策文本的分析.教育发展研究,40(5):32—40.

罗树华,李洪珍(2000).教师能力学(修订本).济南:山东教育出版社.

马艳丽,周海涛(2019).民办学校教师队伍建设改革的新进展新诉求.中国教育学刊,

(7):19—23.

宁连华(2008).新课程背景下高中数学教师教学知识的调查研究.教育理论与实践,(10):14—16.

申继亮,辛涛(1998).论教师教学监控能力提高的方法和途径.北京师范大学学报(社会科学版),(1):35—42.

沈伟,王娟,孙天慈(2020).逆境中的坚守:乡村教师身份建构中的情感劳动与教育情怀.教育发展研究,40(Z2):54—62.

沈小琦(2018).民办中小学教师在职进修的学校保障问题研究.成都:四川师范大学硕士学位论文.

宋广伟(2017).义务教育阶段民办学校教师激励机制研究.西安:陕西师范大学博士学位论文.

滕大春(2001).美国教育史.北京:人民教育出版社.

田琦(2009).新课程实施背景下农村教师专业化培训方式.齐齐哈尔师范高等专科学校学报,(3):32—33.

童莉(2008).初中数学教师数学教学知识的发展研究.重庆:西南大学博士学位论文.

童莉(2010).数学教师专业发展的新视角——数学教学内容知识(MPCK).数学教育学报,19(2):23—27.

屠明将,姜伯成,苏琪(2018).新形势下地方民办教育政策制定的困境与突围.教育与职业,102(11):104—107.

王笃勤(2017).国内教师实践性知识研究述评.英语教师,17(21):33—39.

王光明,张永健,吴立宝(2018).教师核心能力的内涵、构成要素及其培养.教育科学,34(4):47—54.

王洪(2001).健美操教程.北京:人民体育出版社.

王坤(2014).民办中小学教师专业发展的现状、问题与建议——基于贵阳市民办中小学校的问卷调查.教师教育学报,1(6):39—46.

王坤(2015).民办中小学教师专业发展研究.重庆:西南大学博士学位论文.

王丽珍,林海,马存根,胡卫平(2012).近三十年我国教师能力的研究状况与趋势分析.教育理论与实践,32(10):38—42.

王子兴(2002).论数学教师专业化的内涵.数学教育学报,11(4):63—67.

王中华(2014).当前民办中小学教师培训的问题与对策.中小学教师培训,31(7):8—10.

吴晶,郅庭瑾(2020).促进义务教育阶段民办学校与公办学校协同发展:现状分析与对策建议.人民教育,71(9):29—32.

吴霓(2015).我国民办教育发展的现状特点,问题及未来趋势——基于统计数据和政策文本的比较分析.教育科学研究,26(2):32—37,43.

吴卫东,骆伯巍(2001).教师的反思能力结构及其培养研究.教育评论,(1):33—35.

吴亚利(2015).我国中小学在职教师专业发展的路径探讨.湘潭:湖南科技大学硕士学位论文.

吴正宪,俞正强(2014).数学教师的教育情怀——教育家书院第一届讲会营讨论实录之二.人民教育,(11):62—64.

夏正江(2020).不宜过分夸大实践性知识在教师专业发展中的作用.中国教育学刊,(2):72—77.

谢维和(2016).谈核心素养的"资格".中国教育学刊,(5):卷首语.

熊川武(1999).反思性教学.上海:华东师范大学出版社.

辛涛,申继亮,林崇德(1999).从教师的知识结构看师范教育的改革.高等师范教育研究,(6):12—17.

徐翠娟(2011).民办中小学教师队伍建设的研究.广州:广州大学硕士学位论文.

徐金尧,宋丽亚,邵伟德,石峻(2007).民办寄宿小学学生体育状况的调查与分析.武汉体育学院学报,(10):62—64.

荀禹,朱成科(2020).民办教师专业发展路径的困境与重建研究.渤海大学学报(哲学社会科学版),42(2):145—148.

杨翠蓉,胡谊,吴庆麟(2005).教师知识的研究综述.心理科学,28(5):1167—1169,1173.

杨鸿(2010).教师教学知识的统整研究.重庆:西南大学博士学位论文.

杨洁,葛欣(2019).民办中小学教师专业发展的现状与对策研究——基于上海教师的问卷调查.教师教育研究,31(2):90—94.

杨俊林(2019).中学数学教师 MPCA 及其对数学教学的影响.教育导刊,(1):84—89.

杨启亮(2001).教师学习品格的教学价值辨析.山东教育科研,(12):26—29.

杨倩(2009).民办学校教师专业发展的困境与对策研究.兰州:西北师范大学硕士学位论文.

杨茜(2016).从"规约"到"自由":我国教师道德发展的当代诉求.中国教育学刊,(12):14—18,68.

杨忠君(2015).试论以"素养"为内核的教师专业成长.教育科学,31(4):46—50.

姚昊,叶忠(2018).民办中小学教师队伍建设的思考与建议.基础教育研究,31(23):18—20.

尹秋玲,黄丽芬(2020).强扶持与小微扶持:民办公助学校两种政策实践模式及反思.苏州大学学报(教育科学版),8(2):101—107.

喻平(2004).论教师的反思能力结构.教育探索,(12):116—117.

约翰逊,克里斯滕森(2015).教育研究定量、定性和混合方法.马健生等译.重庆:重庆大学出版社,第4版.

曾文茜,罗生全(2017).国外中小学教师核心素养的价值分析.外国中小学教育,(7):9—16.

曾小军(2010).民办中小学校教师专业发展:利益相关者视角下的研究.教育导刊,(11):67—70.

曾峥(2003).论数学教师专业发展的背景、意义与内涵.肇庆学院学报,24(1):70—75.

张斌贤,李子江(2008).改革开放30年来我国教师教育体制改革的进展.教师教育研究,20(6):17—23.

张翠平,马娜,王文静(2016).我国小学英语教师专业素养量表编制.教师教育研究,28(1):75—82.

张春玲(2000).古今教师品格比较研究.佳木斯教育学院学报,(4):14—16.

张海珠,陈花,李金亭(2020)."互联网+"时代乡村教师教学反思能力检核模型的构建.河南师范大学学报(哲学社会科学版),47(2):143—150.

张萍萍(2008).初中数学教师教学知识来源的研究.北京:首都师范大学硕士学位

论文.

张学民,申继亮,林崇德(2009).中小学教师教学反思对教学能力的促进.外国教育研究,36(9):7—11.

张侃(2020).效率与公平的博弈:我国义务教育政策变迁70年.教育与教学研究,34(6):25—38.

张悦(2021).小学教师教学反思能力的调查研究.上海:上海师范大学硕士学位论文.

赵昌木(2004).教师成长:实践知识和智慧的形成及发展.教育研究,(5):54—58.

赵敏(2012).民办学校教师质量的问题与改进——兼论《国家中长期教育改革和发展规划纲要(2010—2020年)》的政策契机.教育理论与实践,32(28):23—28.

赵佳丽,罗生全(2016).教师专业发展的价值论纲.教育理论与实践,36(4):39—43.

中国大百科全书总编辑委员会《心理学》编辑委员会(1991).中国大百科全书·心理学.北京:中国大百科全书出版社.

中国教育年鉴编辑部(2016).中国教育年鉴(2015).北京:人民教育出版社.

中国社会科学院语言研究所词典编辑室(2002).现代汉语词典.北京:商务印书馆.

钟帅(2016).普通民办中学教师专业发展意识的调查与述评.上海教育评估研究,2016,5(5):35—40.

周九诗,鲍建生(2018).中小学专家型数学教师素养实证研究.数学教育学报,27(5):83—87.

周民华(2019).发达与欠发达地区民办小学英语教师专业发展对比研究.桂林:广西师范大学硕士学位论文.

周启加(2014).基础教育英语教师教学能力及其发展研究.杭州:浙江大学出版社.

周忠(2005).贫困地区中小学教师继续教育存在的问题及对策研究.重庆:西南师范大学硕士学位论文.

智耀徽(2019).改革开放以来我国民办基础教育制度研究.太原:山西大学硕士学位论文.

朱宁波,崔慧丽(2018).新时代背景下教师品质提升的要素和路径选择.教育科学,34(6):49—54.

朱小蔓,杨一鸣(2002).走向自我成长型教师培养的高师素质教育.南京师大学报(社会科学版),(1):61—65.

朱旭东,周钧(2007).教师专业发展研究述评.中国教育学刊,(1):68—73.

邹群,王琦(2006).教育学原理.大连:辽宁师范大学出版社.

Autor, D. H., Levy, F., Murnane, R. J. (2003). The skill content of recent technological change: An empirical exploration. The Quarterly Journal of Economics, 118(4):1279-1333.

Ball, D. L. (1990). The mathematical understandings that prospective teachers bring to teacher education. Elementary School Journal, 90(4):449-466.

Ball, D. L., Thames, M. H., Phelps, G. (2008). Content knowledge for teaching: What makes it special? Journal of Teacher Education, 59(5):389-407.

Begle, E. G. (1972). Teacher knowledge and student achievement in Algebra. SMSG Reports, No. 9 Stanford: School Mathematics Study Group.

Begle, E. G. (1979). Critical variables in mathematics education: Findings from a survey of the empirical literature. Washington, DC: Mathematical Association of America.

Bonne, L. (2012). The effects of primary students' mathematics self-efficacy and beliefs about intelligence on their mathematics achievement: A mixed-methods intervention study [D]. Unpublished PhD thesis, Victoria University of Wellington, Wellington, New Zealand.

Even R. (1993). Subject-matter knowledge and pedagogical content knowledge: Prospective secondary teachers and the function concept. *Journal for Research in Mathematics Education*, 24(2):94-116.

Fennema, E., Franke, L. M. (1992). Teachers' knowledge and its impact. In D. A. Grouws (Ed.), *Handbook of research on mathematics teaching and learning* (pp. 147-164). New York: Macmillan.

Grossman, P. L. (1995). *Teachers' Knowledge*. In L. W. Anderson (Ed.), International Encyclopedia of Teaching and Teacher Education (2nd ed.). U K. Cambridge University, Cambridge, 20-24.

Hoyle, E., John, P. D. (1995). Professional knowledge and professional practice. London: Cassell.

Khramtsova I, Saarnio D. (2003). Character Education and Positive Psychology: Virtues and Strengths in the Classroom. *The Annual Meeting of the Mid-South Educational Research Association*, Biloxi, MS.

Schon, D. A. (1983). *The Reflective Practitioner*. London: Basic Books.

Shulman, L. S. (1987). Knowledge and teaching: Foundations of the new reform. *Harvard Educational Review*, 57(1): 1-22.

Mezirow, J. (1990). *Fostering Critical Reflection in Adulthood: A Guide to Transformative and Emancipatory Learning*. San Francisco, Calif: Jossey-Bass Publisher,: 91-92.

Mullens, J. E., Murnane R. J., Willett J. B. (1996). The contribution of training and subject matter knowledge to teaching effectiveness: A multilevel analysis of longitudinal evidence from Belize. *Comparative Education Review*, 40(2): 139-157.

Pajares, M. F. (1992). Teachers' beliefs and educational research: Cleaning up a messy construct. *Review of Educational Research*, 62: 307-332.

Verloop, N., Driel, J. V., Meijer, P. (2001). Teacher Knowledge and the Knowledge base of teaching. *International Journal of Educational Research*, 35: 441-461.